HISTOIRE CRITIQUE

DE

JULES CÉSAR VANINI

DIT LUCILIO

PAR

ADOLPHE BAUDOUIN

TOULOUSE
IMPRIMERIE & LIBRAIRIE ÉDOUARD PRIVAT
Librairie de l'Université
14, RUE DES ARTS (SQUARE DU MUSÉE)

HISTOIRE CRITIQUE

DE

JULES CÉSAR VANINI

DIT LUCILIO

PAR

ADOLPHE BAUDOUIN.

(*Extrait de la* REVUE DES PYRÉNÉES.)

TOULOUSE

IMPRIMERIE ET LIBRAIRIE ÉDOUARD PRIVAT

Librairie de l'Université.

14, RUE DES ARTS (SQUARE DU MUSÉE)

HISTOIRE CRITIQUE

DE

JULES CÉSAR VANINI DIT LUCILIO

Une histoire critique est une histoire qui veut être vraie, ou, plus ordinairement, une histoire probable, différente de celle qui a cours. Si elle est seulement savante, elle est semée de renvois au bas des pages; mais, si elle n'est que conjecturale, elle en est hérissée. Le public sait cela; aussi commence-t-il à douter de la *vertu probative* des citations. Il ne s'abandonne plus avec autant de quiétude à son goût, pourtant très vif, pour les paradoxes historiques. Non pas qu'il suspecte la sincérité de ceux qui les font, mais il est en garde contre leur facilité à se duper eux-mêmes & à se griser de leur propre ingéniosité. Les notes ne suffisent plus à l'encourager à quitter le fonds solide des traditions accréditées; il ose moins s'aventurer sur des terres émergées d'hier, qui peuvent s'abîmer au premier jour; &, à vrai dire, il n'a par devers lui aucune raison de prendre parti pour des opinions nouvelles qui n'ont, après tout, d'autres cautions que des recherches peut-être mal conduites & des témoignages encore non contrôlés.

Je voudrais pourtant bien prémunir contre cette méfiance trop naturelle ceux qui liront cette étude, où Vanini va cesser d'être ce qu'il a été jusqu'ici dans toutes les biographies.

Qu'ils se rassurent : Vanini mourra, ici comme ailleurs, à Toulouse, sur la place du Salin ; il sera traîné sur une claie ; il fera ou sera censé faire amende honorable devant l'église Saint-Étienne ; il aura la langue coupée ; il sera ensuite étranglé ; puis son cadavre sera brûlé, & le bourreau en jettera les cendres au vent. L'arrêt du 9 février 1619 restera ce qu'il est ; on ne le changera pas, mais on en tirera tout ce qu'il contient. Par suite, l'athée, le blasphémateur qui y est condamné s'appellera Pompeïo Usiglio, & non plus, comme sur le registre de son curé & sur le titre de ses livres, Jules-César Vanini. On ne profitera pas de cette différence de noms — l'occasion serait pourtant bien tentante — pour nier l'identité des deux personnages. On se contentera d'expliquer comment un habitué de la cour du Louvre, — le boulevard Montmartre de ce temps-là, — comment l'auteur connu sinon célèbre de douze ouvrages de controverse ou d'histoire naturelle est venu se faire condamner à Toulouse sous un pseudonyme, en qualité d'étranger, d'inconnu & d'aventurier ; car telle est la vérité.

Or, cette vérité, il ne faut pas s'étonner qu'elle soit restée si longtemps ignorée & qu'elle ne se produise au jour qu'après deux cent soixante ans. Il y a dans la vie de Vanini des obscurités que lui-même a faites, dont il s'est lui-même volontairement enveloppé. Les biographes anciens qui ont cherché à les pénétrer ne font pas difficulté d'avouer qu'ils n'ont pu y réussir. — Ils avaient l'espérance que tous les voiles tomberaient si le Parlement de Toulouse consentait à publier les pièces du procès. Mais cette cour ne déféra jamais à leur vœu, si tant est qu'elle en ait eu connaissance, ou qu'elle pût encore l'accomplir. Il semble même qu'elle ait voulu abolir le souvenir de son arrêt. Le greffier Malenfant le passe sous silence dans son journal du Palais, qu'on nomme improprement ses Mémoires. Lui, qui rapporte si curieusement les principales affaires criminelles, ne dit pas un mot de Vanini. Je sais bien que M. Cousin a publié, dans la *Revue des Deux-Mondes* de décembre 1842, une relation qu'on lui avait donnée comme extraite de ces prétendus mémoires. Mais, je l'avoue, j'en suis encore à comprendre comment un appréciateur si délicat & si passionné des choses du dix-septième siècle ne s'est pas méfié de ce document bâtard, de ce pastiche grossier qui s'évertue à imiter le style de Rabelais & même celui de Froissart plutôt qu'il ne rappelle la langue d'un contemporain de Mme de Longueville. Il faut se hâter de déclarer que cette pièce est de l'invention d'un faussaire que Toulouse connaît trop bien : c'est celui-là même qui a fait revivre quelque temps le nom de Tétricus. — Elle est fausse dans tout son contexte, comme on pourrait le voir dans des documents très véridiques; mais, de plus, elle ne se trouve pas dans les trois seuls exemplaires connus de Malenfant. M. Dumège, car c'est lui, y renouvelle avec de grands développements & des flots de couleur locale l'accusation infâme portée par le P. Mersenne contre le philosophe napolitain. Il ne s'est pas avisé que si ce crime eût été si bien avéré, si bien prouvé, comme il le dit, « par des procès-verbaux qui sont ès archives », la condamnation n'eût guère tardé; on n'eût pas eu besoin de chercher des témoignages pendant cinq mois.

Les contemporains qui ont raconté le supplice de Vanini, le *Mercure françois* en 1620, le président Barthélemy de Gramond en 1643, — on sait s'ils le ménagent! — se seraient fait une joie d'imprimer cette flétrissure à sa mémoire. Le fougueux auteur de la *Doctrine curieuse des beaux esprits de ce temps* (1624), qui hait Vanini d'une haine mortelle, qui s'acharne sur ce nom avec une rage que nulle injure ne peut assouvir, le P. Garasse, c'est tout dire, lui aurait crûment reproché son infamie. Il était à même d'être bien informé, car il avait fait son noviciat à Toulouse, & il y avait conservé des relations. Il n'aurait pas usé seulement d'insinuations; il ne se serait pas borné à épiloguer sur une citation de Galien qui se trouve dans les *Dialogues*. — Pour le dire en passant, injures & croyances à part, c'est un écrivain charmant que ce jésuite. Il a un naturel rare, une simplicité originale; il est tout plein d'images vives & de locutions imprévues. Sa foi, quand il se mêle de la raisonner, est si naïve qu'elle semble faite à plaisir pour amuser les sceptiques. Sa sincérité, que ses violences ont rendue justement suspecte, me paraît hors de question. Ainsi, s'il a répandu ou du moins accrédité le faux bruit que Vanini passait sa vie à changer de nom, il faut bien convenir que le pseudonyme de Toulouse l'induisait presque à supposer qu'il y en avait eu d'antérieurs. Pourquoi les biographes anciens qui l'ont copié en ce point ont-ils négligé de lui faire d'autres emprunts? Un seul a recueilli tout ce qu'il rapporte de l'auteur des *Secrets de la nature*. C'est un fanatique d'une autre communion, David Durand, ministre calviniste, pédant & pince-sans-rire, qui a tout l'air de ne frapper sur Vanini que pour atteindre l'illustre Bayle. De nouveaux documents très authentiques ne font guère plus que confirmer ce qu'avait dit le P. Garasse. Je m'étonne que M. Cousin, amoureux comme il l'était devenu des livres rares, du dix-septième siècle & de l'orthodoxie catholique, n'ait pas voulu connaître le pamphlet peu commun du polémiste jésuite. Au lieu d'analyser ou de faire analyser longuement par un secrétaire les opinions religieuses de Vanini & de leur distribuer, selon les cas, de bons ou de mauvais points, que ne s'est-il imposé la tâche de relever dans la *Doctrine curieuse*, dans l'*Amphithéâtre* & dans les *Secrets de la nature* les faits & les anecdotes qui y abondent! Il nous aurait révélé, sans doute dès 1843, les mystères de la vie du faux Usiglio. Il avait à sa disposition tous les autres documents de la cause, qui manquaient à ses devanciers. C'est lui le premier qui a donné la grande publicité à la relation des annales de l'Hôtel-de-Ville de Toulouse, à l'épigraphe du buste de Catel, à l'arrêt du 9 février 1619. Avec de telles pièces en main, il aurait dû, suivant l'exemple de son maître Descartes, faire table rase de tout ce qu'on avait écrit avant lui. Il ne l'a pas osé, ou du moins il a cru avoir besoin encore, pour le tenter, de l'information judiciaire. On l'a vainement cherchée pour lui, cette information, en 1843. Je doute qu'elle existe encore, quoique l'ancien possesseur de l'exemplaire de la *Doctrine curieuse* qui se trouve à la bibliothèque de Toulouse en parle, dans une note, comme s'il l'avait vue. Peut-être la découvrira-t-on un jour parmi les 1,500 mètres courants de sacs & de procédures que les greffes de l'ancien Parlement ont versés pêle-mêle aux archives de la Haute-Garonne. Mais si l'on a cette bonne fortune, j'affirme d'avance qu'on ne trouvera pas dans ces reliques de l'ancienne justice ce qu'y supposait M. Cousin. L'illustre philosophe vivait sans y penser en plein régime de publicité. Habitué à voir les sténographes recueillir dans les Chambres les discours de la droite & de la gauche, dans les tribunaux les réquisitoires du ministère public & les plaidoiries des avocats, il n'avait pas fait réflexion que les choses ne se passaient pas ainsi dans les Parlements du dix-septième siècle. Tout entier au temps présent, il s'imaginait donc qu'il pourrait lire dans la procédure & le rapport de Guillaume Catel & sa réplique au discours de Vanini. Comme on voit, cet admirable orateur rêvait tout éveillé de nouveaux tournois oratoires. Il est juste d'ajouter qu'il n'a pas tiré cette erreur de son propre fonds; il l'a prise toute faite dans une *communication* du véridique M. Dumège[1].

En réalité, si Catel a fait un rapport écrit, ce qui n'est pas bien sûr, il n'a certainement pas engagé avec Vanini, assis sur la sellette, une lutte d'éloquence. Les formes de la justice dans la Grand'Chambre du Parlement différaient du tout au tout de celles qu'on observe dans nos cours d'assises : il n'est pas inutile de le répéter. Mais là n'est pas la question. Je reviens à mon dire : telles étaient les circonstances de la cause, que ni les interrogatoires du prévenu, ni les dépositions des témoins, ni les confrontations, ni l'exposé du rapporteur, ni le réquisitoire du procureur général ne pourraient nous apprendre rien de bien nouveau, rien surtout de bien essentiel. Nous connaissons en effet les chefs d'accusation ; nous n'ignorons pas les dires du principal témoin; nous avons par Gramond une idée de l'attitude de l'accusé devant la poursuite & de son système de défense; nous pouvons lire enfin dans les registres de la Cour l'arrêt de condamnation qui résume tous les documents de la procédure. Les écritures du greffier criminel vau-

1. M. Belhomme, qui envoya cette communication à M. Cousin, était un ancien élève de séminaire dont on avait fait un archiviste. En 1842, il avait encore une foi aveugle en M. Dumège : il le jugea mieux depuis.

draient mieux que tout cela, j'en conviens; notre curiosité s'y instruirait plus sûrement des particularités du procès, mais elle n'en tirerait rien de plus. Je me suis convaincu, après une étude attentive, que ce n'était pas là, ni dans les doctrines de Vanini, que devait se trouver la clef de sa destinée; je l'ai cherchée dans sa vie, que je vais maintenant raconter.

I.

Vanini naquit à Taurizano[1], au diocèse de Lecce, dans la terre d'Otrante, vers le mois de février 1586. Sujet espagnol, comme tous ceux de sa province, il était de plus dans la clientèle du vice-roi de Naples, François, comte de Castro, fils & successeur de ce comte de Lémos qui fut le protecteur de Cervantès[2]. Son père, Jean-Baptiste Vanini[3], était depuis longues années intendant du comté de Castro; il faisait sa résidence habituelle au village de Taurizano, chef-lieu d'un duché qui appartenait aussi au vice-roi, où l'on montre encore sa maison[4]. C'était un vieillard sain, encore vert, d'humeur agréable & gaie, qui prenait la vie doucement. Il ne s'était décidé que fort tard à se marier[5]. Peut-être même n'y aurait-il jamais songé si l'on ne l'avait mis en demeure de le faire. Je suppose que sa femme Béatrix Lopez de Noguera[6] & sa belle-sœur Isabelle, qu'il recueillit chez lui[7], étaient deux orphelines, filles de quelque pauvre gentilhomme espagnol, auxquelles le vice-roi avait voulu procurer un établissement. Je me m'explique pas autrement comment une personne de naissance, riche d'aïeux, florissante de jeunesse & très fière de son origine, aurait consenti à épouser un homme d'affaires de soixante-dix ans[8].

1. J.-C. Vanini, *Amphitheatrum*, dédicace; *De arcanis*, p. 161. — 2. *Amphith.*, dédicace, p. 6. — 3. *Amphith.*, dédicace, p. 9. — 4. Moschettini, *Vita di Vanini* dans *Rivista Europea* du 16 mars 1879. — 5. *De arcan.*, pp. 321, 322. — 6. *De arcan.*, p. 493. — 7. *De arcan.*, p. 259. — 8. *De arcan.*, pp. 321, 322.

Une fois marié, le bonhomme se prépara, comme dira plus tard son fils, à travailler sérieusement pour l'éternité. Doutant de ses forces, un peu trop languissantes, il leur donna pour auxiliaires l'usage d'un vin généreux & l'influence du printemps[1]. Il eut ainsi deux fils, dont l'un, l'aîné probablement, profita tout d'abord du bon vouloir du vice-roi. Il entra au service du comte de Castro, &, sans que nous sachions à quel titre, il fut comblé de ses bienfaits[2]. Nous ignorons comment s'appelait cet aîné. Quant à son jeune frère, dont la destinée devait être moins heureuse, on lui imposa au baptême — fut-ce son père ou bien son curé? — le grand nom de Jules-César[3]. Il est vrai que, pour se mettre en règle avec la cour céleste, on avait commencé par lui donner pour patron saint François[4]. C'était une mode dès lors ancienne en Italie d'emprunter ainsi leurs noms aux héros de l'antiquité; elle existait aussi en France, & La Bruyère s'en est moqué dans un chapitre de ses *Caractères*. Une coïncidence à noter, parce qu'elle est curieuse, mais surtout parce qu'elle sert à établir l'état civil de Vanini & qu'elle l'exempte du reproche d'avoir usurpé par gloriole un nom qui n'était pas à sa taille, c'est celle qu'il nous révèle lui-même, à la fin de ses *Dialogues*, dans une page empreinte de découragement & de mélancolie[5] : « J'ai trente ans à peine, dit-il à Alexandre, son interlocuteur, j'ai déjà composé bien des ouvrages; quel est le fruit de tant de labeurs? — La gloire! — La gloire, mieux vaudrait une maîtresse! — Mais une maîtresse n'est pas toujours sans partage... — En perd-elle rien de ses charmes? — ... tandis que vous êtes seul à jouir des suffrages des savants! — Il y a à Rome un théologien qui porte mon nom de César, mon prénom de Jules, mon surnom de Vanini. Mes ouvrages sont autant à lui qu'à moi. — En ce cas, que n'ajoutiez-vous à votre nom patronymique, suivant la coutume espagnole, le nom illustre de votre famille maternelle : Lopez de Noguera? — Eh! que m'importent les noms! — Bonne renommée passe richesse! — Demandez aux

1. *De arcan.*, pp. 321, 322. — 2. *Amphith.*, dédicace, pp. 9 & 10. *Amphith.*, dédicace, p. 9. — 3. Titres de l'*Amphith.* & du *De arcanis*. — 4. *Amphith.*, p. 67. — 5. *De arcan.*, pp. 473 & suiv.

marchands comment ils l'entendent. Et puis vous avez donc oublié les vers du Tasse :

> La fama...
> È un eccho, un sogno, anzi del sogno, un' ombra
> Ch'ad ogni vento si dilegua è sgombra.

— Mais alors je vous dirai avec Cicéron, si vous êtes à ce point détaché de la gloire, d'où vient que vous avez signé tous vos ouvrages? — Ce n'a été que pour obéir aux saints décrets du concile de Trente. »

Ainsi Vanini s'appelait bien Jules-César. Il ne paraît pas avoir fait attention à cette homonymie. L'opinion avantageuse qu'il avait de lui-même, peut-être, & sans doute aussi l'accoutumance lui en allégeaient le fardeau. Ses amis s'en amusent & en font des pointes[1] ; lui, non. Du reste, il n'a certainement pas cru à ce rapport mystérieux que beaucoup de ses contemporains supposaient entre le nom d'un homme & sa destinée. Non pas que son esprit fût exempt de superstitions; mais il n'avait pas celle-là. Ce n'est pas de là que lui vient cet effroi d'une mort violente qu'il laisse voir dans l'*Amphithéâtre* & ailleurs encore[2] : c'est de l'astrologie. Il en est engoué, comme le furent dans son siècle, & particulièrement dans son pays, tant d'esprits au-dessus du commun. On l'était aussi, à ce qu'il semble, dans sa famille même, sinon son père, au moins sa mère & sa tante, cette aimable Isabelle, si belle & si sage[3], dont le souvenir fut toujours une joie pour son imagination. Elles paraissent avoir mis une complaisance singulière à lui raconter par le menu l'*événement* de sa naissance. Si son corps n'a pas de signes, c'est à sa mère qu'il le doit : vers la fin de sa grossesse, il se trouva qu'elle eut envie de fruits qui n'étaient plus de saison; déjà elle en sentait la saveur dans sa bouche..., mais elle cracha, moyennant quoi le péril fut écarté[4]. — Autre histoire. Quand elle accoucha, dans les premiers jours de février 1586, la lune était dans son plein! — Ce n'est pas grande merveille; mais cette circons-

1. *Amphith.*, Préliminaires. — 2. *Amphith.*, p. 25. — 3. *De arcan.*, p. 259. — 4. *Amphith.*, p. 71.

tance, indifférente pour tout autre, ne l'était pas pour Vanini. Il y revient souvent. Voilà pour lui la cause de la mobilité de son esprit. S'il lui arrive de se contredire, on voit bien, dit-il, que la lune était là quand je suis venu au monde; & il ajoute, par allusion à celui qui réglait les courses de chars dans l'antiquité : C'est elle qui m'a donné le départ, « Luna aphêta[1] ». — Il ne s'en tient pas à ces révélations domestiques. Jeune homme, quand il s'est imbu de l'esprit de Pomponace, il s'enquiert des astres qui versent leur influence sur sa province d'Apulie. Il apprend de Ptolémée & il répète avec quelque orgueil qu'elle est soumise au Lion & au Soleil[2], & que, par conséquent, l'amour de l'excellent, les sentiments de la bienveillance & de l'amitié animent ceux qui y sont nés. Il pousse plus loin ses recherches : il veut savoir l'état du ciel au moment de sa naissance : — Mars était-il alors, comme il semble, dans la huitième maison[3]? L'horoscope serait terrible! une mort affreuse l'attendrait. Il veut douter de ses calculs; mais un temps vient, temps critique pour lui, plein d'anxiétés cruelles, où il retrouve dans sa mémoire la fatale menace de l'astrologie.

Ces craintes du moins ne troublèrent pas son enfance; elle fut heureuse. Les tendresses de deux femmes aimantes, les contes & la bonne humeur d'un vieux père, le climat si doux, la mer si voisine, ce charme particulier que mêle la campagne aux impressions du premier âge & que ne connaissent pas les enfants des villes, quelle aurore pour une vie si orageuse & si sombre! Comme tout cela brille plus tard aux yeux du philosophe quand il regarde au fond de sa pensée! Son village de Taurizano lui paraît & il le nomme « la perle de l'anneau du monde[4] ». Ses souvenirs remontent comme des bulles d'air à la surface de sa mémoire. Le voici petit enfant, son amulette de corail au cou[5], — « & qu'on ne raille pas cet usage plus raisonnable qu'on ne pense! » — picorant les figues qui viennent si douces là-bas dans les sables[6], ou se gorgeant de rai-

1. *De arcan.*, pp. 129, 491. — 2. *Amphith.*, p. 74. — 3. *Amphith.*, p. 25. — 4. *De arcan.*, p. 424. — 5. *De arcan.*, p. 476. — 6. *De arcan*, p. 165.

sins secs, je ne veux pas dire pourquoi[1]. Ailleurs, il est en train de causer avec sa bien-aimée tante; elle lui dit que de naître coiffé cela porte bonheur[2]. Pauvre tante Isabelle, elle était bien jolie! Ailleurs encore, il assiste à la mort de son vieux père. Exalté par la parole du prêtre, frappé de respect pour l'immortalité qui l'attend, le pieux vieillard se jette hors de son lit & répète, sans y penser, bien sûr, le mot de Vespasien : « C'est debout que je dois mourir[3]. »

Et son voyage à Precizio, lorsqu'on y trouva cette Vierge miraculeuse, quelle impression il en a gardée! Il y avait là un aveugle-né[4] qui y était venu avec son guide : était-ce un petit garçon, ce guide, ou un chien? Il ne se le rappelle pas bien. Le pauvre homme a fait ses dévotions à la Madone, & puis il s'est endormi. Le lendemain, il se réveille. O prodige! il voit clair, mais il est devenu boiteux. Quand Vanini plus tard a voyagé en Allemagne, un athée a voulu lui faire croire que cet aveugle n'était qu'un drôle avisé, peu soucieux de quitter son heureux état de mendiant, moins encore de gagner son pain à la sueur de son visage, & qui trouvait son profit à raconter aux femmelettes le miracle de la Madone. Mais chansons que tout cela! La figure de cet homme, le philosophe la voit encore : or, son front, ses cheveux, son teint bronzé laissaient bien deviner qu'à l'heure de sa naissance le Soleil & Vénus étaient dans le signe de la Balance; donc, ce n'était pas un fourbe, suivant les règles de l'astrologie! Apercevez-vous la malice italienne? Italien, Vanini l'est jusqu'à la moelle; aussi ne peut-il se tenir dans ses *Dialogues* de parler sa langue maternelle. Elle le suit, dirait-il lui-même, jusqu'en plein Latium. On la voit éclater par places en notes gaies & railleuses sur la gravité du latin[5].

En d'autres endroits, ce sont des souvenirs d'un autre ordre. Son esprit s'éveille. Il commence, bien jeune encore[6], la série de ses immenses lectures. Sa curiosité, cette curiosité avide qui lui rendra la science si friande, s'essaye à dire ses premiers

1. *De arcan.*, p. 306. — 2. *De arcan*, p. 259. — 3. *Amphith.*, p. 153. — 4. *Amphith.*, pp. 72 & suiv. — 5. *De arcan.*, pp. 46, 428, 455, &c. — 6. *De arcan.*, p. 3.

pourquoi. Pourquoi, durant certain hiver, les poiriers du verger n'ont-ils point perdu leurs feuilles[1]? Pourquoi les branches du laurier ne craquent-elles pas au feu quand elles sont desséchées[2]? D'où vient qu'une vessie gonflée ne peut rester au fond de l'eau[3]? Comment cette dorade de Tarente a-t-elle pu vivre, sans air, tout un jour, dans un vase clos[4]? Ces préoccupations enfantines, auxquelles il reviendra plus tard, nous apprennent quelle était dès lors la constitution de son esprit. Elles nous expliquent sa répugnance intime aux démonstrations de la métaphysique, son dédain de Platon[5], son aversion, ce n'est pas assez dire, son dégoût profond pour les scolastiques[6]; sa vénération pour Hippocrate & pour Galien, son enthousiasme pour Aristote[7], en tant que naturaliste. Evidemment, il était né observateur, comme d'autres naissent musiciens ou géomètres. Avec un peu plus de méthode, un peu moins d'imagination, il pouvait devenir célèbre autrement que par sa mort. Et qui sait? le Mécène qu'il chercha toujours[8] se serait peut-être rencontré pour l'aider à préparer cette grande histoire naturelle dont il se vante d'avoir conçu le projet! On ne s'étonnera donc pas qu'il n'eût aucune aptitude pour les sciences où les autorités font loi[9]; rien ne lui convenait moins que la théologie & la jurisprudence. L'une & l'autre furent pourtant l'objet premier de ses études. Il est juste de dire qu'il les aborda de bonne heure, sans se connaître & sans les connaître, dans un temps où il n'avait pas encore le gouvernement de lui-même. Les raisons qu'eurent ses parents de le pousser de ce côté se devinent. Jules-César était puîné, & comme tel, suivant la coutume, il n'avait rien ou presque rien à attendre de l'héritage paternel; il fallait de toute nécessité qu'il devînt homme d'Église ou de loi; autrement, nul moyen de vivre. On l'envoya donc de Taurizano à Naples, où il dut entrer comme novice dans je ne sais trop quel couvent, peut-

1. *De arcan.*, p. 161. — 2. *De arcan.*, p. 44. — 3. *De arcan.*, p. 29. — 4. *De arcan.*, p. 215. — 5. *De arcan.*, p. 452. — 6. *De arcan.*, p. 350, & *Amphith.*, pp. 27, 211. — 7. *De arcan.*, pp. 3, 4, 7, 26, 184, 216, 239, &c., & *Amphith.*. pp. 137, 197. — 8. *De arcan.*, p. 185. — 9. *De arcan.*, p. 259.

être bien celui des Carmes[1]. Il y fit ses humanités, & il y suivit, sous la discipline des religieux, les cours de l'Université[2].

Il n'a dit nulle part ce qu'il fut comme étudiant, mais on peut affirmer que ceux qu'il appellera plus tard ses *maîtres à capuchon*[3] ne le trouvèrent pas indocile. Quoiqu'il parle assez froidement de saint Thomas[4], on sent qu'il l'avait beaucoup pratiqué. Vanini n'est pas de ces esprits entiers qui ont le respect d'eux-mêmes, instinctif ou raisonné, & qui ne se laissent pas détourner de leur tendance normale. Le naturel est moins fort chez lui que l'appétit de vivre & d'épanouir son activité. — « Jeté par le hasard sur un sol pierreux[5], — la comparaison est de lui, — il y germe, il y enfonce ses pivots; il croît où les autres meurent; il ne pousse sans doute que de grêles rameaux, mais il a des rameaux; il ne se couvre que de pâles fleurs, mais il porte des fleurs. Tout autre sera sa vigueur un jour, — il le dit du moins, — quand il pourra se développer dans une terre riche, mieux appropriée à ses énergies natives. » Mais il a beau dire, il gardera toujours l'empreinte indélébile de la culture monacale. Son intelligence sera faussée, & non seulement son intelligence, mais son caractère. Il ne se dégagera jamais bien du joug de l'ergoterie. Les questions scolastiques continueront de hanter les avenues de sa pensée. Chose plus grave, il n'aura plus alors le droit de les en chasser; chose plus triste, il n'y songera même pas. Au moment où sa raison se trouvera libre, le sacerdoce où il s'est engagé[6] lui interdira toute liberté d'examen.

Pour un homme de notre temps, cette situation serait tragique; elle ne sera que gênante pour Vanini; il l'envisagera avec calme, & non sans quelque gaieté. On sent qu'il n'est pas embarrassé d'en esquiver les inconvénients. Avec du savoir-faire, un homme d'esprit peut tout dire : Vanini le croit, & il le prouve. Il est plein de respect & d'admiration pour la sainte Inquisition, cette gardienne de la vigne du Seigneur[7];

1. *Amphith.*, p. 17; *De arcan.*, p. 205. — 2. *Amphith.*, dédicace, p. 4. — 3. *De arcan.*, pp. 316, 422, 423. — 4. *Amphith.*, avis au lecteur, p. 4. — 5. *De arcan.*, dédicace, p. 2. — 6. *De arcan.*, p. 446. — 7. *Amphith.*, pp. 109, 187.

il vénère comme personne le sacro-saint concile de Trente[1]; les huguenots n'ont pas d'adversaire plus déterminé que lui[2]; il fait à sa mère l'Église révérence sur révérence[3]; il n'oublie pas de faire savoir qu'il a eu tel confesseur[4]; il dira négligemment qu'il a bien supporté le dernier carême, puis il montrera ses cheveux pour avertir qu'ils sont devenus plus noirs par l'usage quotidien de la *spinacia*, vulgo, des épinards[5]. S'il se met à table en public, — cela lui arrive dans les *Dialogues*, — il ne manque pas de réciter le bénédicité & les grâces[6]. Aux bons endroits, il se jette avec effusion aux pieds de Paul V, le sérénissime Borghèse, le pontife infaillible, pour le supplier humblement de le relever de ses erreurs, à supposer que, par impossible, il en ait commis[7]. S'il avance d'ailleurs quelque opinion hasardée, il demande pardon de la liberté grande, & il fait observer doucement qu'aucun décret ne défend de parler ainsi[8]. Bref, il s'entend à merveille à faire vivre en bonne intelligence le prêtre de profession & le philosophe de tempérament qui sont réunis chez lui. Il y a plus, il les fait travailler de concert dans l'intérêt de sa fortune : à l'abbé de représenter, comme il convient à son caractère, & de se mettre en avant, avec sa trousse d'université; quant au pauvre philosophe, eh bien, qu'il s'efface, qu'il se déguise au besoin, puisqu'ainsi va le monde & qu'il ne peut faire autre chose; mais libre à lui, par exemple, de se dédommager, s'il lui plaît, de sa condescendance, par une grimace spirituelle, par une ironie ou par un sourire!

Notre imagination, assombrie par l'horrible tragédie de la place du Salin, nous rend mal la physionomie de Vanini : elle nous le fait voir sérieux & triste; il était en réalité tout malice & tout enjouement. Nous allons tout à l'heure le suivre dans ses études & dans ses voyages. Achevons de découvrir qui il est avant de nous mettre en sa compagnie. Et puisque nous savons que le jésuite Garasse & le ministre David Durand se

1. *De arcan.*, p. 493. — 2. *Amphith.*, avis au lecteur, p. 1, & *De arcan.*, dédicace, pp. 8 & 349. — 3. *Amphith.*, avis au lecteur, & pp. 70, 72, 86, 109, 137, 205, 333. 334, &c.; *De arcan.*, pp. 406, 472, &c. — 4. *De arcan.*, p. 217. — 5. *De arcan*, p. 158. — 6. *De arcan.*, pp. 168, 184. — 7. *De arcan.*, pp. 422, 495. — 8. *De arcan.*, pp. 487, 488.

2

sont fait gloire de le haïr comme athée, méfions-nous des portraits qu'ils nous ont laissés de lui. Au risque d'avoir à en rabattre, apprenons de lui-même ce qu'il croit être, cherchons-le dans ses ouvrages.

On a déjà vu qu'il s'est donné, dans les *Dialogues*, un interlocuteur du nom d'Alexandre. C'est un Italien comme lui, plus jeune que lui, son compatriote qui plus est; homme d'esprit un peu crédule, volontiers enthousiaste, qui s'en veut de s'être attardé dans les voies de l'ancienne école, & qu'émerveille à tous coups l'explication naturelle des phénomènes de la nature. En 1616, ce personnage devait avoir à Paris un grand nombre d'originaux parmi les non-savants & les jeunes gens de la cour. Vanini l'a pris sur le vif, & il l'a rendu fidèlement avec un bon sentiment comique, comme on dit, & une grande aisance de dialogue.

Etant donné ce caractère, Alexandre doit toujours être devant le philosophe dans une sorte d'extase, &, de fait, il n'y manque jamais. Il ne se borne pas aux compliments qui sont de la courtoisie du siècle; il dépasse sans cesse la mesure des louanges. Thomas Morus avait dit à un inconnu qu'il venait d'entretenir : Vous êtes un démon ou vous êtes Érasme! & c'était Érasme. Alexandre dira : Vous êtes un Dieu ou vous êtes Vanini! Et Vanini de répondre avec un sourire : Je suis Vanini[1]. Il y a là au fond plus de modestie qu'on n'en voit d'abord. Certes, l'auteur des *Dialogues* n'est pas humble, mais il n'est pas un monstre de vanité, comme l'ont dit ou répété ceux qui n'ont rien compris au personnage d'Alexandre. La vérité est qu'il avait un sentiment très vif & très présent de ses imperfections & de ses défauts. Il savait très bien tout ce que l'esprit doit aux organes, & il avait ses raisons de n'être pas fort content de son corps. Il n'y a rien moins que de l'orgueil dans le regret qu'il exprime quelque part — comme en riant — de n'être pas un enfant naturel[2]. « Si j'étais né des chaudes étreintes de l'amour, (je ne traduis pas, je gaze) je serais beau, dit-il, élégant, robuste; mon esprit serait sans nuages. Mais, hélas! je suis fils légitime, & fils, qui plus est, d'un

1. *De arcan.*, p. 409. — 2. *De arcan.*, p. 321.

septuagénaire. Mon intelligence est élevée sans doute, & j'ai de la mémoire; mais qu'en serait-il si mon père n'avait pris soin de réconforter en temps utile sa vigueur épuisée? J'ai bonne mine, c'est évident, mais je ne suis pas sans infirmités. » Et ailleurs, *passim*, il nous apprend qu'il a des douleurs[1], qu'il est faible[2], maladif, souvent indisposé, nerveux, chatouilleux[3], irritable, colère[4]; qu'il n'a pas de trop bons yeux[5] & que la finesse de son odorat[6] est compensée en quelque sorte par la mauvaise disposition de son oreille, qui le rend absolument insensible à la musique[7].

Voilà ce que Vanini dit de lui-même lorsqu'il parle en son propre nom. Franchement, ce n'est pas trop se vanter. On ne peut lui contester les dons qu'il s'attribue sans fausse honte, & la justice veut qu'on lui en accorde d'autres qui ont bien aussi leur prix. Ses livres sont là pour témoigner de son culte pour la science, de son amour du travail & de son application. Si sa pensée se dégage lentement des brumes, elle brille dès qu'elle est dehors, sous la transparence d'un style clair & singulièrement facile. Quant à son esprit, — il a beaucoup d'esprit, — je n'ai aucune envie de le comparer à celui de Lucien, comme a fait M. Cousin. Personne, à mon gré, n'a autant d'esprit que Lucien, non pas même son cousin Voltaire. Vanini n'est pas de la famille, ou, s'il en est, ce n'est que de fort loin. Ce qu'il a, lui, c'est la vivacité, la grâce italienne, une ironie trop peu discrète, &, encore une fois, l'enjouement.

Il a bien encore autre chose : une faculté étrange qu'il classe parmi ses qualités, ce qui ne laisse pas que d'étonner un peu. J'y verrais plutôt une maladie propre aux pays d'inquisition & d'universités, comme était Naples, où la foi raisonne & où la raison croit. Elle ne s'attaque pas, cette maladie, aux intelligences médiocres; nul n'en est atteint s'il n'est apte à tout comprendre; mais s'il en est atteint, il devient capable de tout prouver. Me permettra-t-on de dire que Vanini avait contracté

1. *De arcan.*, p. 180. — 2. *De arcan.*, p. 494. — 3. *De arcan.*, p. 334. — 4. *De arcan.*, pp. 83, 212. — 5. *De arcan.*, p. 298. — 6. *De arcan.*, p. 298. — 7. *De arcan.*, p. 296.

cette aptitude sous la discipline de ses régents? Il en était on ne peut plus fier. Il en fait parade dans les *Dialogues ;* il s'en amuse, il prend un plaisir d'enfant à jouer du pour & du contre, & quand Alexandre se récrie[1], il rit de tout son cœur, ou bien il prononce, après Cardan, que les philosophes disent bien des choses souvent auxquelles ils ne croient point[2]. Le malheureux n'apprendra que trop tôt, quand il démontrera devant ses juges l'existence de Dieu, que l'auditoire des philosophes ne croit pas toujours ce qu'ils disent.

Tel est Vanini, ou plutôt tel il sera quelque temps avant d'arriver à Toulouse. En 1606, quand il a fini ses études de droit, au moment où, devenu docteur *in utroque*[3], il va quitter Naples pour se rendre à Padoue, — il avait alors vingt & un ans, — rien n'altère encore l'unité de son caractère ni la sincérité de son esprit. C'est un disciple confiant de l'enseignement orthodoxe, mais qu'affriande déjà la philosophie, c'est-à-dire l'ensemble des sciences qu'a embrassées le vaste esprit du *philosophe* par excellence : Aristote. Elles lui plaisent, parce qu'elles se prennent à un fonds réel & sensible; elles l'intéressent par leurs curiosités, qu'il appellera plus tard leurs *arcanes;* elles le séduisent surtout par leurs *devinettes*, car les questions scientifiques d'un certain ordre ne sont guère que cela pour lors. N'y ayant pas encore de méthode assurée, il n'y a presque pas de vrais problèmes. On étudie la nature, comme on fait la métaphysique, à force d'imagination. Par exemple, cinq écoles célèbres, Naples, Pise, Bologne, Vérone, Padoue, luttent de conjectures pour expliquer d'où vient qu'une boule de chaux, qui n'est qu'à demi plongée dans l'eau, s'humecte néanmoins dans toutes ses parties[4]. La persistance des feuilles dans les arbres verts est pareillement une énigme à la mode[5]. Toute la physique est dans ce goût; on comprend qu'alors est physicien qui veut, & l'on ne s'étonne plus que Vanini, à peine ado-

1. *De arcan.*, pp. 229, 365, 366, 418, &c. — 2. *De arcan.*, p. 441. — 3. M. Settembrini a trouvé dans les registres de l'Université de Naples, à la date du 6 juin 1606, & M. Palumbo a reproduit en *fac-simile* le serment que Vanini prêta à cette occasion. Je donne plus bas le titre du livre de M. Palumbo. — 4. *De arcan.*, pp. 125, 126. — 5. *De arcan.*, p. 160.

lescent (*adolescentulus*), ait composé un traité de physique. Le livre ne nous est pas parvenu, si tant est qu'il l'ait fait imprimer; mais nous savons de lui-même qu'il l'a résumé dans le *De arcanis*[1], où pourtant il dut introduire des connaissances acquises après coup & qui sont déjà de la science : l'action de la lune sur les marées[2], l'influence de l'alimentation sur les mœurs[3], &c. Ce fut dans cet essai qu'il commença à s'engouer d'une idée à laquelle depuis il revint sans cesse. On se rappelle le conte de sa mère sur les signes de naissance. Sa curiosité était restée ancrée à ce mystère de la physiologie. Bien d'autres philosophes avant lui s'en étaient préoccupés, au seizième siècle surtout, & tous, ou presque tous, y avaient vu un effet de l'imagination. C'est l'opinion qui a prévalu. Vanini a fait évidemment des efforts pour résister à cette explication. Dans l'*Amphithéâtre*, il a pris soin de faire remarquer que ces signes de nature ne sont pas propres à l'homme seul. Il cite, d'après les auteurs, certains fragments de matières inertes où étaient représentés des plantes, des animaux, jusqu'à des portraits d'homme, entre autres celui de saint Paul ermite[4]. Lui-même, il a vu à Naples, dans le musée de l'empereur Ferdinand, en compagnie du R. P. Argotti, carme, une pierre historiée de la figure d'un oiseau[5]. L'objection toutefois finit par lui paraître importune. Il l'écarta & se rangea sans y penser davantage à l'avis de ses devanciers. Seulement, ce qui n'était chez ceux-ci qu'un expédient devint chez Vanini toute une théorie sur la part que prend l'imagination à la création des êtres. On verra plus tard quelles bizarreries il en a tiré, par exemple, comment il s'en sert pour produire artificiellement des chevaux verts, & aussi, les Épîtres de saint Paul aidant, de parfaits chrétiens.

Ce dut être quelque temps après qu'il eut écrit ce traité de physique qu'il se décida à quitter Naples pour aller continuer ses études à Padoue, où enseignaient alors le sceptique Cremonini & le grand Galilée[8]. Il semble qu'il ne se rendit

1. *De arcan.*, p. 301. — 2. *De arcan.*, p. 114 & suiv. — 3. *De arcan.*, pp. 348, 349. — 4. *Amphith.*, p. 68. — 5. *De arcan.*, p. 205. — 6. *De arcan.*, p. 236. — 7. *Amphith.*, p. 274. — 8. M. Moschettini, *Rivista Europea*, mars-avril 1879.

dans cette antique & célèbre université que par un coup de tête. A la manière dont il parle de la méchante soutanelle[1] qui l'y abritait si mal contre l'hiver, on dirait qu'il eût dépendu de lui de vivre moins péniblement. Les religieux qui avaient instruit sa jeunesse avaient-ils espéré le retenir dans leur couvent? Avaient-ils fait fond sur son éloquence naturelle, non pas tant nerveuse & forte qu'élégante & jolie[2], pour ajouter au lustre de leur ordre & donner un second au P. Bartholomeo Argotti, ce phénix des prédicateurs[3]? Il est certain que Vanini a prêché[4]; mais la chaire, s'il était encore novice chez les Carmes quand il y fit ses débuts, ne satisfaisait pas ses ambitions secrètes. Ce qu'il voulait dès lors, il le dit bien haut : c'était apprendre & apprendre encore. Ce qu'il aimait, « c'était cette merveille de beauté & de noblesse, d'excellence & d'agrément qu'on appelle d'un mot : la science. Adorable maîtresse qu'on suit comme malgré soi, source de jouissances & de délices qui vous enivre d'oubli, comme les baies du lotus, pour tout ce qui n'est pas elle, & dont on ne veut plus, dont on ne peut plus s'arracher[5]!

Quand on aime la science avec tant de passion, on est bien fort, Vanini a raison de le dire, contre la pauvreté; mais il y a de grandes chances aussi pour qu'on ne s'en tienne pas longtemps à l'enseignement borné des régents universitaires. Et de fait, au cours de ses lectures hasardeuses[6], Vanini ne tarda guère à s'aventurer loin, bien loin des frontières de l'orthodoxie & à se mettre sur la trace des philosophes astrologues du seizième siècle. Ces hardis rêveurs, Pomponace[7], Cardan[8], le ravirent. Dès qu'il lui fut donné de les connaître, il leur appartint sans retour. Après Aristote & Averroës, ce sont pour lui les princes de la philosophie; les premiers ont certainement à ses yeux plus de grandeur & d'autorité : l'admiration qu'il leur voue de lui-même se double de celle qu'il tient de l'un

1. *De arcan.*, p. 351. — 2. *De arcan.*, p. 2. — 3. *De arcan.*, p. 205. — 4. *De arcan.*, pp. 234, 235. — 5. *Amphith.*, dédicace, pp. 1, 2. — 6. *De arcan.*, p. 98. — 7. *Amphith.*, pp. 234, 328; *De arcan.*, pp. 20, 139, 140, 144, 255, 302, 327, 370, 373, &c. — 8. *Amphith.*, pp. 25, 39, 41, 151, 173; *De arcan.*, pp. 36, 58, 65, 108, 169, 219, &c.

de ses auteurs favoris, le carme Jean Bacon[1], « si bien nommé — au dix-neuvième siècle — le prince des averroïstes[2] ». Mais, s'il commente dans cette première période de sa jeunesse studieuse les œuvres du Stagyrite sur les météores[3] & la génération[4]; si, plus tard, devenu maître à son tour, c'est l'œuvre d'Averroës qu'il doit mettre aux mains de ses élèves, comme l'A B C de la philosophie[5], sa prédilection toutefois est pour Pomponace. Voilà son maître d'élection! C'est celui-là qu'il invoque en toute rencontre comme un autre Averroës! car Pythagore ne douterait pas, dit-il, que l'âme du sage cordouan n'ait passé dans le philosophe de Mantoue[6]. On peut affirmer que le système astrologique de ce libre génie fut toujours en quelque sorte le pôle métaphysique de l'esprit de Vanini. Dès que sa pensée s'élève au-dessus des phénomènes dans la région des causes, quel que soit le sujet qui l'occupe, c'est vers ce point principal qu'elle se tourne invinciblement. Nous n'avons plus les *Astronomiques*[7] qu'il fit imprimer à Strasbourg, durant ses voyages, « en caractères si élégants ». C'était sans doute le tribut d'imitation que tout écolier paye à son précepteur, à titre de premier hommage : œuvre peu regrettable en soi, où pourtant l'on eût cherché avec quelque intérêt les hymnes par lesquelles Vanini saluait la doctrine nouvelle qui venait de surgir à son horizon. Elles devaient être encore bien timides. Mais quelques années après, le disciple, tout à fait émancipé, s'inspire de l'audace de son maître : il ose opposer au dogme prépondérant du catholicisme la doctrine de l'astrologie philosophante. C'est au quatrième livre des *Dialogues*. Il est question des oracles. « Qu'en faut-il penser? demande Alexandre. Étaient-ils l'œuvre des démons? — Non, répond Vanini, puisque — ce qui est de foi réservé, comme il convient — il n'y a pas & il ne peut y avoir de démons. Pomponace attribue les oracles aux intelligences qui meuvent les astres & gouvernent le monde. — Impossible, réplique Alexan-

1. Ou plutôt Baconthorp, selon M. Renan, *Averroës & l'averroïsme*, p. 420, cité par M. Moschettini. — 2. *Amphith.*, p. 17. — 3. *De arcan.*, p. 27. — 4. *De arcan.*, p. 172. — 5. *De arcan.*, p. 350. — 6. *Amphith.*, p. 36. — 7. *De arcan.*, p. 31.

dre, car le ciel n'a pas changé, & il n'y a plus d'oracles. J'aimerais mieux croire avec Plutarque à l'épuisement des vapeurs prophétiques. — C'est que vous n'entendez pas bien Pomponace. Le monde, Alexandre, est éternel, mais rien n'y dure infiniment sous sa forme première. Les espèces & les individus, les choses & les personnes y subissent de perpétuelles métamorphoses : elles meurent parce qu'elles sont corruptibles; elles renaissent, parce qu'une loi nécessaire met la génération à côté de la corruption. Il n'y a pas de raison pour que les religions échappent à ces vicissitudes incessantes. Aussi peut-on affirmer que celles d'à présent ont existé par le passé, & que celles du passé sont en train de revenir. Or, la loi par qui tout ainsi se renouvelle oppose constamment les prodromes de la vie aux symptômes de la mort. Si les oracles se taisent, c'est que le paganisme va s'éteindre dont ils sont le signe vivant. Mais voici les miracles, & s'ils apparaissent, c'est que l'évangile arrive & qu'ils en sont à la fois & l'indice & la caution. Les astres, auteurs de ces changements, ont voulu que le surnaturel succédât ainsi au surnaturel. Ils savent que les hommes passent malaisément d'une religion à une autre, &, dans leur providence souveraine, ils départissent au sage entre les sages qu'ils ont élu pour instituer la foi nouvelle une puissance merveilleuse capable de surprendre les croyances & de forcer les convictions[1]. »

Ici, Vanini s'arrête; il détourne à regret ses regards de cette perspective sublime. Quelque chose lui rappelle qu'en France les Parlements font la besogne de l'Inquisition, non par horreur de l'Inquisition, mais par jalousie de métier. Cachant donc à l'ordinaire sa tête sous son bouclier, il ajoute : « Voilà de belles horreurs, sorties, comme d'un germe, des subtilités de notre philosophie. Je les déteste volontiers par respect pour l'Église & par attachement à la religion chrétienne. Que dis-je? je les détestais dans mon cœur, tandis que je les pensais pour amuser mon esprit. »

En lisant ces pages d'une témérité si sereine, on ne peut s'empêcher de penser aux soupirs d'angoisse du pauvre Jouf-

1. *De arcan.*, pp. 379, 392.

froy dans cette nuit célèbre où il découvrit, lui aussi, comment les dogmes finissent. Quel contraste de cette âme tendre, qu'offense l'inévitable lumière de la raison & qui gémit de l'apercevoir, à l'esprit fort & sans peur du jeune philosophe napolitain! La religion de la nature[1], au pied de laquelle l'homme des temps nouveaux tombe comme accablé, Vanini l'embrasse avec amour. On dira qu'il le faisait ou que du moins il croyait le faire sans péril. Mais ici la force consistait moins à braver l'Inquisition qu'à soulever la masse solide de souvenirs d'enfance, d'exemples domestiques, de préjugés, de traditions, d'autorités de toute sorte, sous laquelle devait fléchir l'âme de Pascal, sœur de celle de Jouffroy; à rejeter l'appui des religions sacerdotales, à s'isoler en esprit du reste du monde. C'est précisément cette intrépidité de conviction qui élève Vanini au rang des philosophes, non sa constance, puisqu'il n'a pas voulu du martyre[2], ni sa doctrine, car il n'a rien pensé de lui-même. Si l'on peut donner le nom de théories aux bigarrures d'opinions qui se voient dans ses ouvrages, ses théories sont toutes d'emprunt. Il ne s'en cache pas; aussi ne prétend-il pas être un génie original. S'il se croit un mérite, c'est celui de s'écarter du ruisseau banal de l'ordure scolastique[3] & d'aller puiser ses idées à des sources peu connues & peu fréquentées[4]. S'il est un art qu'il prise, c'est celui d'ôter ses épines à la science pour la rendre accessible aux *curieux* de la cour & de la ville, & de faire qu'elle soit amusante, surprenante... Retournons à Padoue.

A présent que l'on connaît bien Vanini, on ne s'étonnera pas que Cardan et Pomponace ne fussent pas seuls à le divertir des cours de l'Université. Il pousse des pointes du côté d'Albert le Grand[5] & de Corneille Agrippa[6]. Hippocrate & Galien après Aristote, & cette gloire de Vérone, Fracastor[7], lui prennent le temps qu'il ne donne pas à la poursuite du plaisir, à ses amis & à ses maîtresses. Il ne faut pas que la gravité de ses

1. *De arcan.*, p. 306. — 2. *De arcan.*, pp. 183, 184. — 3. *Amphith.*, p. 211. — 4. *De arcan.*, pp. 3, 4, 35. — 6. *Amphith.*, pp. 37, 39, 40, 273; *De arcan.*, pp. 227, 422, 431, &c. — 6. *Amphith.*, p. 171. — 7. *De arcan.*, pp. 311, 371.

lectures nous fasse oublier son âge & son caractère. Avec toute la gaieté napolitaine, il a toutes les fougues & toutes les passions de la jeunesse. Même, la chaleur de son sang n'est pas sans avoir part à la direction de ses études. S'il était encore de mode de commenter Aristote, tous les physiologistes de vingt ans feraient comme lui leurs commentaires sur le *Traité de la génération*. Il n'a pas là-dessus de fausse honte. Il faut l'entendre déclarer, avec quelle malice! qu'il a fait vœu de garder sa chasteté[1]! Et quant à sa soutane, elle ne l'embarrasse guère. Il connaît l'art des intrigues galantes, & comment celle qu'on aime, pour peu qu'elle sache par cœur quelques mots de latin, s'avertit sans danger d'aller au rendez-vous[2]. Sa chère Laure en saurait bien que dire[3], & aussi cette gentille Isabelle, qui entendait si mal les chansons d'amour, & qui boudait, & qui se fâchait tout rouge, quand il l'appelait son œil gauche, — le meilleur, suivant Aristote, petite ignorante! — comme si vraiment elle n'était pas assez bonne pour être un œil droit[4]!

En même temps qu'il dépouillait ainsi l'arbre de la science, il faisait des expériences d'un autre genre, celles-ci un peu au hasard & pour le plaisir d'expérimenter. On ne s'explique pas trop pourquoi il avait mis une anguille dans un vase de verre exposé au soleil. Mais enfin, l'anguille étant là, il s'appliquait à l'observer, si bien qu'il s'aperçut un jour que de la bave qu'elle répandait dans l'eau s'engendrait une multitude de vers & d'animalcules[5]. Il ne prononce pas, on le pense bien, le nom de génération spontanée; mais il croyait à la chose, cela est évident. Jean-Marie Genocchi, un étudiant génois, son ami intime, y croyait aussi. Celui-là n'était pas un esprit aventureux, au contraire, car il finit par composer un traité de la grâce & du libre arbitre[6]; mais au moins ne s'émouvait-il qu'à bon escient. Que des milliers d'êtres naquissent sans parents de la substance d'une anguille, cela pouvait émerveiller Vanini, non pas lui. Il avait vu, lui, bien autre chose. Il avait vu au printemps, par un jour d'orage, une goutte de

1. *De arcan.*, p. 176. — 2. *De arcan.*, p. 407. — 3. *De arcan.*, p. 159. — 4. *De arcan.*, p. 298. — 5. *De arcan.*, p. 199. — 6. *Amphit.*, pp. 303, 304.

pluie tomber dans la poussière & se changer tout d'un coup en grenouille[1]. Cinq ou six ans après, l'auteur des *Secrets de la nature* riait encore de ce bon conte & raillait sans pitié le pauvre Genocchi[2]. Il ne l'en aimait pas moins, & à juste titre, car, ainsi qu'on le verra dans la suite, il avait pu éprouver la sincérité de son affection.

Toutes ces diversions n'empêchèrent pas Vanini de pousser vigoureusement ses études officielles. Quand il sut tout ce qu'il devait savoir, non tout ce qu'il aurait voulu, il quitta Padoue, où il était resté deux années scolaires, vers le milieu de 1608, méditant d'aller chercher ailleurs ce que l'enseignement de ses maîtres lui avait laissé à désirer. Il faut se rappeler qu'au dix-septième siècle la science n'était pas une, comme elle l'est aujourd'hui. Pour parler le langage des botanistes, elle avait ses *habitats* & variait de l'un à l'autre, ainsi qu'il arrive aux plantes. Elle se développait inégalement suivant la nature de chaque peuple, son génie propre, la rectitude plus ou moins grande de sa méthode instinctive. La médecine de Montpellier & celle de Paris différaient dans une grande mesure & ne se ressemblaient peut-être que par leurs effets. Il était impossible aux hommes d'étude, même les plus appliqués, de connaître au jour le jour les progrès de la science. Il ne leur servait de rien d'être bibliographes, tant les livres circulaient lentement. Ils n'avaient d'autres ressources que de payer de leur personne & de s'en aller comparer leurs connaissances acquises avec celles qu'on avait dans les autres pays. En Angleterre, où les moyens d'instruction étaient encore plus circonscrits qu'ailleurs, cette nécessité était si bien reconnue qu'elle avait force de coutume, & voilà pourquoi les jeunes gens d'une certaine naissance, une fois leurs classes terminées, faisaient & font encore un *tour* sur le continent. C'était un voyage de ce genre que Vanini voulait faire. Dans l'état de sa fortune, il aurait eu peut-être quelque peine à donner jamais suite à ce projet. Heureusement pour lui, son ami Genocchi, qui était riche, avait été au-devant de ses vœux, en lui proposant de parcourir l'Allemagne de compagnie. Pourtant ils ne se

1. *De arcan.*, p. 201. — 2. *De arcan.*, p. 360.

mirent pas tout de suite en chemin. Vanini voulut auparavant aller revoir son pays natal, car la science, qu'il compare au lotus dans ses hyperboles d'amoureux, n'avait pas eu la vertu de lui faire oublier sa famille... — Ce ne fut pas sans angoisse que, arrivé dans la Pouille, il aperçut au loin le clocher de Taurizano. C'était en été. Une longue traite à cheval & les ardeurs d'un soleil accablant avaient épuisé ses forces & enfiévré son corps débile. Une corneille tout à coup poussa son cri sinistre [1]. Le futur philosophe crut à sa mort prochaine, car il en était encore à redouter les présages, comme un Italien du paganisme. L'étonnement qu'il eut de survivre lui fit faire des réflexions, & ce fut depuis lors qu'il commença à croire, avec Machiavel, que les religions qui donnent cours à des superstitions pareilles n'avaient été, dans l'antiquité, aux mains des princes & des prêtres, & n'avaient pas cessé d'être autre chose que d'efficaces moyens de gouvernement [2]. Cela ne l'empêcha pas de profiter de son séjour dans sa province pour se mettre en règle avec son évêque. Après quoi, soit qu'il eût reçu les ordres [3], soit plutôt, car il n'avait pas l'âge canonique, qu'il se fût pourvu de dimissoires, il fit ses adieux aux siens, qu'il ne devait plus revoir, & partit pour Naples.

Il y revit en passant ses maîtres, les Carmes, & ses amis laïques : Zacharie Olimpio [4], un humaniste très distingué, qui lui donna à lire un petit traité d'Albert le Grand sur les éternuments; Constantin Calvano [5], un médecin des plus habiles que le docteur Sangrado n'aurait jamais assez loué s'il avait pu le connaître, car c'était un grand ennemi du vin. Ce fut sa première étape. Il visita ensuite, allant toujours devant lui, les universités de Pise, Bologne, Vérone [6], & de là gagna Venise. Le comte de Castro, patron de sa famille, y était alors comme ambassadeur extraordinaire du roi d'Espagne. Il est plus que probable que Vanini alla lui faire sa cour & qu'il en obtint quelques subsides; toutefois, ce n'était pas

1. *De arcan.*, p. 424. — 2. *De arcan.*, p. 368, 442; *Amphith.*, avis au lecteur, p. 2 & pp. 35, 60. — 3. *De arcan.*, p. 446. — 3. *De arcan.*, pp. 422, 423. — 5. *De arcan.*, pp. 84, 85. — 6. *De arcan.*, pp. 125, 126.

pour cela qu'il était venu à Venise, mais parce qu'il y avait donné rendez-vous à son ami Genocchi. Il y trouva, en effet, le bon Génois qui l'attendait, & tous deux prirent, comme ils se l'étaient promis, le chemin de l'Allemagne. — On voudrait avoir le journal de leur studieux itinéraire à travers les universités de la Bavière, de la Bohême, de la Saxe & de la Souabe[1]. Ils allèrent certainement à Prague. Etait-ce pour y voir Képler, que Vanini appelle, non sans raison, l'astrologue Képler (*mathematicus*)[2]? Le fantasque disciple de Pomponace devait se croire quelque droit d'approcher l'illustre disciple de Tycho-Brahé. Ils n'étaient pas si loin de s'entendre qu'on pourrait le supposer. — On n'est pourtant pas sans avoir quelques traces de leurs impressions. Vanini a parlé plusieurs fois de ce grand voyage, & l'on voit qu'il en a rapporté une idée peu avantageuse des Allemands. Pour une nature fine & sobre comme la sienne, c'était chose assez répugnante que leurs habitudes bachiques. Leurs qualités intellectuelles, si différentes de celles de sa race, le rendaient d'autant moins indulgent pour ce grand besoin qu'ils ont de boire incessamment. Il n'avait, en effet, que de l'antipathie pour leur génie métaphysique. Il a exprimé ses dédains d'une manière bien spirituelle en deux endroits de ses *Dialogues*. C'est à propos de l'immortalité de l'âme & des revenants. Sur ce grave sujet, son opinion était celle de ses auteurs favoris, c'est-à-dire qu'il était fort sceptique. Vous pensez qu'il s'en cachait? Pas le moins du monde; il l'avouait ingénument; encore voulait-il qu'on lui sût gré, avec saint Paul, de croire à force de foi ce que la physique ne pouvait démontrer[3]. Cela ne l'empêcha pas de se faire, en certaines circonstances, l'avocat de cette grande cause. Une de ses preuves, qu'il faut citer, c'est que l'Eglise nous enseigne que les corps doivent ressusciter; or, cela serait-il possible s'il n'y avait pas d'âmes[4]? — Ne voilà-t-il pas une belle raison! Ce n'étaient ni Pomponace ni Cardan qui la lui avaient suggérée, car il nous apprend lui-même que, précisément en ce voyage d'Allemagne, il chercha sans

1. *De arcan.*, pp. 349, 448, 478. — 2. *De arcan.*, p. 36. — 3. *Amphith.*, p. 164. — 4. *Amphith.*, p. 164.

succès aux foires de Francfort[1] les traités de l'immortalité de l'âme que l'un & l'autre avaient composés. On peut juger sur cet échantillon de sa veine métaphysique. Il en sentait bien lui-même l'indigence, si bien que quand Alexandre l'interroge sur l'autre vie : « Attendons, dit-il, pour traiter ce sujet, que je sois devenu vieux, riche & Allemand[2]. » Ne croyant pas à la durée de l'âme, jugez s'il avait foi aux revenants! Ici, les répugnances de son esprit se fortifient des aveux de certains nécromanciens. Il en avait rencontré plusieurs dans la basse Allemagne & il s'était mis en tête de découvrir leurs secrets. Ces gens, qu'il avait su séduire, lui avaient fait confidence que leur art ne s'adressait pas aux morts. Toutes leurs incantations & tous leurs manèges n'allaient qu'à frapper & surexciter sans mesure l'imagination des femmes[3]. Cela fait, elles voyaient tout ce qu'on voulait. Cela n'empêche pas, dit Vanini, que l'existence des revenants ne soit généralement admise. Le paganisme n'en doutait pas : les anciens mettaient sur les tombeaux de leurs morts ce que ceux-ci avaient aimé vivants, des gâteaux de miel & de lait qui pouvaient plaire encore à leurs âmes. Et à ce propos, ce serait pour les gens simples une expérience à faire : qu'ils défoncent un tonneau de vin près du cadavre d'un Allemand, ils verront bien si son âme reviendra boire[4].

Vers la fin de 1608, les deux voyageurs arrivèrent à Strasbourg[5], dans l'intention de pousser jusqu'en Hollande. Ils s'arrêtèrent dans cette ville le temps de faire imprimer, aux frais du bon Génois probablement, en caractères d'une grande élégance, les *Commentaires astronomiques* du philosophe de Taurizano. Pendant que le livre était sous presse, ils eurent occasion d'expérimenter la science qui s'y trouvait déduite sur un portrait de Martin Luther[6]. A certain signe propre à Mercure, ils devinèrent que cet homme était un apostat. Un autre signe, caractéristique de Vénus, leur révéla que le même Luther était fort aimé de ses compatriotes. O grande vertu de l'astrologie!

1. *Amphith.*, p. 171. — 2. *De arcan.*, p. 492. — 3. *De arcan.*, p. 478. — 4. *De arcan.*, p. 454. — 5. *De arcan.*, p. 424. — 6. *Amphith.*, p. 67.

L'impression achevée, ils s'embarquèrent sur le Rhin, non sans hésitation : Genocchi avait aperçu un corbeau, il avait peur d'un naufrage. Il fallut pour le décider à partir que Vanini l'entraînât par son exemple[1]. Le philosophe était très fier de cet exploit; il a pris soin de dire — & de son temps, après tout, cela n'était peut-être pas inutile — qu'ils descendirent le fleuve sans encombre, malgré le corbeau. Je n'ai pas à nommer tous les lieux où ils s'arrêtèrent; cela serait difficile, & assurément fort oiseux. Je ne hasarderai même pas de supposer qu'ils firent séjour à Cologne, dans la patrie d'Albert le Grand & de Corneille Agrippa, deux auteurs que Vanini avait beaucoup lus & qu'il a beaucoup réfutés. Leurs principales stations, que l'on connaît, Amsterdam[2], Middelbourg, où l'on venait d'inventer les télescopes, & Flessingue, Anvers, Malines, Bruxelles, indiquent suffisamment leur itinéraire[3]. Partout où ils passent, les divers savants que Vanini veut être profitent de leur mieux des faits qui se présentent. En Hollande, le philosophe remarque que les opinions sont libres; il ne l'oublie pas : plus tard, quand il aura besoin d'un athée comme homme de paille pour hasarder ses théories, c'est là qu'il ira le prendre[4]. Dans les ports de la Zélande, l'astronome observe l'action de la lune sur les mouvements de la mer & prend note des heures du flux & du reflux[5]. A Flessingue, des gens mordus par un chien enragé courent à l'envi se baigner dans la mer[6]. Est-ce un remède? C'est au médecin de voir; en tout cas, cela vaut mieux que le pèlerinage au sanctuaire de Saint-Vito, près de Bari, qu'on préconise dans la Pouille[7]. A Anvers, le physicien se met en colère contre Albert le Grand : décidément, ce capuchon n'est qu'un faiseur de dupes! que de fois n'affirme-t-il pas que le fer ne peut briser le diamant! Or, cela n'est pas exact : Vanini le sait pour avoir répété une expérience de Cardan[8]. Philosophe, en êtes-vous bien sûr? Un diamant qui se laisse mettre en poudre par un simple marteau a tout l'air d'un diamant bien com-

1. *De arcan.*, p. 424. — 2. *De arcan.*, p. 204. — 3. *De arcan.*, pp. 122, 450. — 4. *De arcan.*, pp. 354, 360. — 5. *De arcan.*, p. 123. — 6. *De arcan.*, p. 450. — 7. *De arcan.*, p. 450. — 8. *Amphith.*, p. 40.

plaisant ou bien trompeur. Sage qui s'en serait méfié. Quand vous engagiez votre hôtelier de Bruxelles à fréquenter les sermons, il vous répondait : Je ne m'en soucie point; tous ces faiseurs d'homélies ne savent rien dire que : « J'ai lu »; quand diront-ils : « J'ai vu? » Vous ramassiez le mot en riant, puis vous décidiez d'un ton grave que ce « j'ai vu » du malin Brabançon devrait être la devise des philosophes. A la bonne heure! mais pourvu que les philosophes sachent voir.

A Bruxelles, on perd la trace des deux voyageurs; mais ils devaient être sur la route de France, car, dans le courant de 1610, Vanini, sinon Genocchi, que nous reverrons à Gênes en 1614, se trouvait pour sûr à Paris, où le drame de sa destinée n'allait pas tarder à se nouer. Il avait alors vingt-quatre ans. Il venait de dépasser ce que j'appellerais volontiers l'âge de sa formation. Il pouvait encore gagner en esprit & en savoir; mais son caractère était fixé. En traversant les Provinces-Unies & les Pays-Bas espagnols, si profondément divisés par leurs dissensions religieuses & qui commençaient à peine de se reposer de quarante ans de guerre, il s'était senti de l'humeur du sage qu'applaudira un jour La Fontaine, toujours prêt à s'accommoder aux gens. L'Inquisition, qu'il avait retrouvée en Brabant & dans les autres provinces catholiques, avait fortifié cette disposition naturelle. Ses conseils à son hôtelier partaient d'un homme convaincu qu'il est bon de paraître ce qu'on n'est pas, lorsque la multitude déteste ce qu'on est & que les magistrats le punissent.

II.

Le premier soin de Vanini, en arrivant à Paris, avait été de rechercher la colonie italienne. Entraîné dans les parages de la cour par quelques étrangers comme lui, qui ne se trouvaient pas mal *de parler baragouin*[1], il pourvut d'abord au plus pressé en y cherchant des élèves. Il s'en procura, paraît-il, assez aisément, grâce à ses nouvelles relations, parmi les courtisans qui suivaient la fortune de Concini & qui attendaient tout de la faveur de Marie de Médicis. Mais il n'était pas homme à se confiner dans ses leçons. Il sut tirer parti de ce rôle de précepteur que d'autres trouvaient moyen de rendre si humble. Il se fit une étude d'être & de paraître à sa place chez les grands seigneurs où il avait accès. Cela lui réussit jusqu'à un certain point. Il faut dire que sa taille élégante, ses grands traits, ses manières aisées[2] étaient tout à fait d'un gentilhomme, & que d'ailleurs son petit collet, galamment porté, le tirait déjà du commun. Il le prit à la cavalière avec les jeunes gens, presque aussi jeunes que lui, qu'il avait à diriger[3]. Point de pédanterie, point de rigorisme : des entretiens libres où il donna carrière à son goût national d'étonner & d'amuser. Avec cela, & des complaisances, & des louanges sans

1. Mathurin Régnier, satire III, *La vie de cour.* — 2. *Annales manuscrites à l'hôtel de ville de Toulouse*, t. VII, f°, 13, 14. — 3. *De arcan*, pp. 143, 482

discrétion, il engoua de lui cette jeunesse, qui trouva bon de le traiter en camarade & de raisonner avec lui des événements de chaque jour. Il se familiarisa ainsi avec la vie du Louvre, peu à peu connut le vrai des choses & des situations, & apprit à lire assez couramment dans le jeu des principaux personnages. Tout cela naturellement pour le mieux de ses intérêts. Les circonstances l'avaient jeté au sein d'un parti que la reine ne pouvait que favoriser, car il se donnait pour représentant & pour champion de ses idées. La fortune soufflerait-elle de ce côté-là? Vanini dut croire que oui, puisque, nous en avons la preuve certaine, il s'arma en guerre contre les *beaux esprits*, comme on appelait alors les libres-penseurs, & contre les hérétiques. — Eh quoi! lui, un philosophe? — Assurément, mais ce ne fut pas sans scrupules. — Pour lutter avec avantage contre ses adversaires, il fallait bien qu'il lût leurs ouvrages; or, justement cela n'était pas permis. Un autre se serait peut-être fait fort de la droiture de ses intentions pour passer outre aux inhibitions de l'*Index*. Mais l'ami de Genocchi entendait autrement & plus rigoureusement son devoir. Ne pas se mettre en règle avec l'Eglise, l'idée ne lui en vint même pas! Il n'eut pas de cesse, au contraire, qu'il ne se fût fait présenter au Nonce & que, modestement, comme il convenait, attirant sur soi l'attention d'un si puissant personnage, il ne lui eût fait part de son embarras. Le résultat fut ce qu'on peut bien imaginer. Robert Ubaldini accueillit fort bien son jeune compatriote, si bien qu'il voulut seconder ses projets en lui faisant acccorder une grâce dont la congrégation des Inquisiteurs généraux se montrait avare alors envers des docteurs plus éprouvés : il l'autorisa à lire, pour les réfuter, les ouvrages des païens & des hérétiques[1]. Voilà donc Vanini devenu en quelque sorte, par le fait de cette permission, un des théologiens de la Nonciature. Je laisse à penser s'il manqua de se faire honneur de cette peau de lion, au moment de se jeter dans la terrible mêlée de plumes dont les affaires de l'Eglise de France étaient l'occasion. La guerre à l'encre se faisait alors d'autre

1. *Amphith.*, p. 77; *De arcan.*, p. 170.

façon qu'aujourd'hui. Qu'on transforme en in-quarto & en in-folio la multitude de brochures que suscite à présent la moindre affaire politique, & l'on aura une idée de la polémique aux premières années du dix-septième siècle. Le P. Mersenne écrit en latin, sur les questions qui agitent l'opinion de son temps, un in-folio de 2,000 pages à deux colonnes[1]. Vanini lui-même, qui se montrera plus léger ailleurs, ne prend pas moins de champ dans son *Apologie pour la loi de Moïse & la loi du Christ*[2], & c'est en dix-huit livres qu'il écrit son *Apologie du très saint concile de Trente*[3]. Ces titres sont tout ce qui nous reste de ces deux ouvrages de circonstance. Nous ignorons à qui il les dédia & ce qu'ils lui rapportèrent, quelque somme d'argent probablement, mais à coup sûr toute autre chose que ce qu'il en attendait. Autant qu'on peut connaître ses intentions par sa conduite, il semble qu'il s'était flatté d'enlever de haute lutte quelque prébende ou du moins quelque pension sur un bénéfice. Rêve d'ambitieux, mais d'ambitieux encore bien novice. Il est bien invraisemblable que le Nonce ait fait des services rendus par Vanini à la cause catholique le même cas que Vanini lui-même; mais, à le supposer même plein de reconnaissance & porté de la meilleure volonté, son crédit eût à peine suffi à emporter du premier coup une grâce si enviée, si convoitée, si difficile à obtenir & souvent à conserver. Une prébende! un bénéfice! mais c'était l'*hoc in votis* de tout ce qui tenait une plume! Et l'événement autant que l'exemple de ceux que l'on rentait ainsi durent avertir Vanini qu'on gagnait encore du temps à prendre, pour parvenir, un chemin plus long que celui qu'il avait suivi.

Les mœurs littéraires étaient alors tout l'opposé de ce qu'elles sont aujourd'hui. Les gens de lettres avaient d'eux-mêmes, grâce à l'Italie de la Renaissance & aux derniers Valois, une estime infinie & pour ainsi dire épique. Ils se considéraient, en toute naïveté, comme une race divine, que l'Etat dont ils étaient ou se croyaient l'honneur, & les grands dont ils fai-

1. Mersenne, *Quæstiones celeberrimæ in Genesim*, etc. — 2. *Amphith.*, pp. 38, 43; *De arcan.*, pp. 343, 428, 438, 440, etc. — 3. *Amphith.*, avis au lecteur, pp. 5, 70.

saient la renommée, ne pouvaient se dispenser d'entretenir. Par principe donc, ils dédaignaient de se suffire à eux-mêmes. Ils mettaient leur dignité à ne pas ravaler leur esprit à des besognes vulgaires & à ne pas le détourner de sa vraie destinée. Systématiquement parasites, ils condamnaient les principaux courtisans & les riches, quels qu'ils pussent être, à une sorte de Mécénat à rebours, où le protecteur avait infiniment moins de goût pour l'écrivain que l'écrivain pour le protecteur. La plupart, en effet, de ceux auxquels ils offraient leurs œuvres étaient des grands seigneurs avides ou ambitieux, ou ignorants, ou adonnés aux plaisirs, qui avaient bien d'autres soucis que de faire vivre des hommes de lettres. Ces Mécènes malgré eux finissaient par s'exécuter pourtant, car cela était devenu pour eux en quelque sorte une obligation d'état. Mais, comme ils étaient assez peu sensibles au mérite littéraire, ils voulaient qu'on commençât par acheter leurs libéralités & leurs bons offices au prix dont ils payaient eux-mêmes les bonnes grâces des ministres & la faveur du roi. Force était de s'astreindre envers eux à des devoirs de clientèle. Il fallait aller grossir la foule de leurs courtisans. Il fallait disputer leur attention & leurs regards aux petits gentilshommes & aux cadets d'aventure dont ils aimaient à se faire suivre pour lutter de prestige avec leurs ennemis & leurs rivaux. Il fallait se faire bien venir de leur livrée, se garder d'exciter la jalousie ardente & ombrageuse de leurs familiers, se confondre en complaisances pour obtenir enfin à son tour l'insigne avantage de les approcher librement. Quel abaissement & que d'humiliations pour échapper à la nécessité de gagner son pain! Les âmes un peu fières en sentaient profondément l'amertume. L'immortel auteur de *Macette*, Mathurin Régnier, qui précisément, en ce temps-là, enrageait d'avoir à venir au Louvre, s'indigne quelque part, en son français bourgeois, d'être condamné « à faire le pied de grue » dans les antichambres des favoris,

Sans oser ni tousser, ni cracher, ni s'asseoir.

C'était pure gaucherie de la part du poète. Les friseurs de moustache & les étrangers dont il raille le mauvais jargon n'éprouvaient rien de son embarras. Ils avaient ce qui convenait en pareil lieu, l'effronterie élégante & l'entêtement à importuner. Quelques-uns, par surcroît, au rapport du poète, & Vanini était de ceux-là, avaient plus & mieux encore :

Ils entendaient le cours du ciel & des planètes[1].

On allait loin au Louvre avec cette science-là. L'astrologie, qui avait régenté le seizième siècle & dont les hautes tours des charmants hôtels d'Assézat & de Bernuy attestent encore à Toulouse la vogue & l'autorité, n'avait pas encore cessé d'imposer ses arrêts aux courtisans & jusqu'au roi même. Il n'y a pas un historien contemporain d'Henri IV qui ne parle des ombres funestes dont elle avait peuplé son imagination. Le fameux Ruggieri vivait toujours, extrêmement vieux, extrêmement riche, &, quoique notoirement irréligieux, ménagé, sinon respecté. Tant la superstition est naturelle à ceux qui luttent habituellement avec la fortune, aux courtisans comme aux joueurs ! Rendre son courage invulnérable en opposant aux fatalités de la chance la fatalité d'une nativité ou d'un talisman, c'est leur chimére, &, quand on leur offre le secret de le faire, ils ne savent pas marchander.

En se mettant à hanter les antichambres des grands seigneurs enclins à s'assurer par provision la jouissance de l'avenir, l'auteur des *Astronomiques* avait donc sur la plupart de ceux qui venaient là, aux mêmes fins que lui, un avantage réel, d'autant plus réel qu'il croyait sincèrement à l'astrologie. On a déjà vu qu'il passa les dernières années de sa vie à faire & à refaire son horoscope, dans l'espérance de le trouver en défaut. Tel qu'il était, on se le rappelle, si Mars se trouvait bien au moment de sa naissance dans la huitième maison, la destinée du fils d'Inès de Noguera était horrible : il périrait certainement de mort violente. Comme c'est, en effet, ce qui est arrivé, il est encore heureux pour les imaginations vives qu'il n'y ait plus d'astrologues. Sans tenter de les rassurer autrement, il importe de donner la raison de cette étrange

1. Régnier, satire III.

inquiétude de Vanini; elle n'était pas tout à fait vaine. Semblable aux individus qui, suivant les médecins, sont plus sujets que d'autres à certaines maladies, la conscience du philosophe, fouillée & refouillée par un cruel remords, était *prédisposée* à s'effrayer des menaces des astres. Voici ce qui l'avait troublée.

C'était en 1612. Vanini se trouvait à Paris depuis deux ans à peu près. Il n'y avait pas encore beaucoup avancé sa fortune, mais il s'y plaisait. Sans être devenu un personnage, il n'y était déjà plus le premier venu. Son ambition de savoir, au moins aussi ardente que l'autre, avait trouvé à s'y satisfaire amplement. Il s'était pris de passion pour l'anatomie[1] & la médecine[2], & s'était fait parmi les médecins, qu'il avait commencé par attaquer, des admirateurs & des amis[3]. Grâce à ses leçons, qui avaient pour lui cet avantage d'être comme une répétition de ses études, sa vie, à tout prendre, était assez facile. Les hautes protections qu'il s'efforçait de se ménager pouvaient d'un jour à l'autre la rendre moins précaire, moins stérilement laborieuse. En somme, tout lui souriait, quand un événement malheureux vint tout à coup culbuter ses espérances & lui faire perdre le fruit de ses longues & patientes menées. — Parmi les courtisans dont il allait saluer habituellement le lever & le coucher, il y en avait un dont il parle dans ses *Dialogues*, sans le désigner clairement, avec un sentiment de colère atroce[4]. Il donne à entendre que les mœurs de ce personnage étaient odieuses, pour ne pas dire plus. Mais ces mœurs, en 1612, sa vertu apparemment ne les haïssait pas encore. Elle leur était même fort indulgente, s'ingéniant à se faire agréer du maître & d'un adolescent, les délices du maître, qui se nommait Henri Silvius[5]. Il était pourtant bien impossible qu'il plût à l'un sans déplaire à l'autre, &, en effet, ce fut ce qui arriva. Silvius s'inquiéta d'abord, puis s'irrita du goût qu'on laissait voir pour ce Napolitain de tant de verve & d'esprit. Son ressentiment, chaque jour accru & que l'on se faisait

1. *De arcan.*, pp. 312, 313. — 2. *De arcan.*, pp. 312, 313. — 3. *Amphith.*, & *De arcan.*, Préliminaires. — 4. *De arcan.*, p. 154. — 5. *Ibidem.*

peut-être un jeu d'attiser (car ce sont là d'étranges mystères), se tourna contre Vanini & devint une haine enragée & sans frein[1]. Un jour qu'ils se trouvaient ensemble avec beaucoup d'autres dans la chambre de leur commun seigneur, celui-ci demanda-t-il à Vanini un de ces services familiers dont Silvius jusque-là avait eu le privilège? Le nomma-t-il pour tenir le bougeoir & l'éclairer — c'était un honneur — jusqu'à la garde-robe où il allait? Dangeau & Saint-Simon nous ont habitués à ces détails. Ce fut cela ou autre chose. Le fait est que, à peine est-il sorti, Silvius, hors de lui-même, se jette armé sur son rival & le blesse[2]. Colère comme un philosophe — c'est lui-même qui le dit — & prompt à jouer du poignard, Vanini riposte & frappe un tel coup que son agresseur s'abat par terre, raide mort. Grand émoi. Aux cris de l'assistance, le maître pressent un malheur, accourt, aperçoit Silvius, se jette sur lui éperdu, l'embrasse, puis de ses mains, dit Vanini, de *ses mains qu'il n'a pas pris le temps de laver, l'impur!* il caresse encore ce corps inerte & il y cherche un reste de vie[3].

Si Vanini a vu lui-même ce qu'il raconte, sa clairvoyance dans une circonstance si tragique a vraiment de quoi surprendre. Mais tout porte à penser qu'il parle par ouï-dire; il ne faisait pas bon pour lui de demeurer là. Quoiqu'il n'eût fait que se défendre, *quoiqu'il n'eût pas commis de crime selon la loi de nature*[4], — c'est lui qui se rend ce témoignage, — il n'en avait pas moins tout à craindre de la vengeance du puissant patron de sa victime &, bien pis, de la sévérité des édits. C'était le temps où les Conseils du gouvernement commençaient sérieusement à réprimer les habitudes de violence & le mépris de toute loi qu'avaient invétérés parmi les gens d'épée quarante ans de guerre civile. Des attentats contre les personnes ensanglantaient tous les jours le pavé de Paris. En 1607, Loménie avait voulu savoir combien il y avait eu de duels & de rencontres depuis l'avènement de Henri IV : il en avait trouvé quatre mille; nombre énorme, car il ne s'agissait, sans

1. *Amphith.*, p. 268. — 2. *Amphith.*, p. 285. — 3. *De arcan.*, p. 454. — 4. *De arcan.*, p. 425.

doute, que des duels qui étaient venus à la connaissance de la Chancellerie. Un édit avait été donné à Fontainebleau, en juin 1609, pour mettre un terme à tant d'excès; mais, quoiqu'il portât peine de mort contre ceux qui se battraient, il n'avait été, aux mains de la justice, qu'une arme impuissante. Le garde des sceaux, Nicolas Bruslart, semblait prendre à tâche de défaire l'œuvre des magistrats. Les lettres de rémission étaient prodiguées... Cette facilité avait fini par inquiéter les grands corps de l'Etat. Le Parlement, le Clergé avaient pressé la Régente d'user plus sobrement du droit de grâce, & ils avaient obtenu la promesse, qui fut renouvelée en 1614, lors de la majorité du roi, qu'aucunes lettres d'abolition ne seraient plus expédiées en faveur de ceux qui seraient prévenus d'assassinats & de crimes qualifiés. Quelque progrès qu'il eût su faire à la Cour, Vanini n'était pas de ceux qui pouvaient encore se promettre l'immunité des édits. Son cas n'était pas sans excuse, mais sa qualité d'étranger — Concini ne faisait pas aimer les Italiens — & le crédit de sa partie le rendaient, en effet, des plus graves. Il sentit le danger d'une poursuite dont l'issue pouvait lui être fatale : avant qu'on eût le temps de l'arrêter, il s'échappa de Paris, &, ne pouvant rester en France ni gagner l'Angleterre, car un édit de Jacques Ier du 2 juin 1610, qui portait peine de mort, en avait interdit le séjour à tous les papistes, il s'en alla chercher un refuge jusqu'à Venise. Là, par une résolution soudaine qu'expliquent peut-être le bouleversement de son âme & l'horreur du sang versé, il se jeta dans un couvent de Carmes & y revêtit de nouveau le froc qu'il avait porté dans sa jeunesse & qu'il croyait avoir quitté pour toujours.

Mais il ne tarda guère à en sentir le fardeau. On connaît sa mobilité : quand le temps eut un peu calmé sa conscience, le naturel reprit le dessus; il eut regret à son indépendance. On n'imaginerait jamais ce qu'il fit pour la recouvrer[1]. Il était

1. J'ai emprunté tous les faits de cette période de la vie de Vanini à un intéressant ouvrage de M. Raffaele Palumbo, qui a paru à Naples, chez M. Jovene, en 1878 : *Giulio Cesare Vanini e i suoi tempi, cenno biografico-storico, corredato di documenti inediti.* M. Palumbo, qui a séjourné quelque temps à Londres, a fait des recherches heureuses dans

entré en relations — comment, pourquoi, en quelle circonstance? — avec sir Dudley Carleton & sir Isaac Wake, chargés d'affaires de la Grande-Bretagne à Venise. Ce n'étaient pas des vieillards que ces diplomates, ils pouvaient avoir à peu près son âge. Vanini sut les charmer, comme il charmait tout le monde. Ils en vinrent assez vite à ce point de confiance mutuelle qu'il leur avoua qu'il s'ennuyait du couvent, & qu'eux, de leur côté, se firent fort d'assurer sa fortune s'il voulait seulement commencer par se faire protestant. Ils connaissaient l'archevêque de Cantorbéry, leur allié ou leur ami, mais plus probablement encore, leur parent. Vanini se vit tout de suite en imagination pourvu par leur crédit d'un bon bénéfice; c'était le comble de ses vœux : l'accord s'établit. Le chapelain de l'ambassade se chargea de le préparer. Pendant qu'il se faisait convertir, il avait communiqué son dessein & ses espérances à deux de ses confrères qu'il savait, sans doute, aussi las que lui de la discipline monastique; ils étaient convenus de s'enfuir de compagnie. Il fut arrêté avec sir Isaac Wake que les trois fugitifs monteraient sur un bâtiment en partance pour l'Angleterre, & que, pour ne donner lieu à aucun soupçon, ils n'emporteraient rien avec eux. Leurs malles devaient leur être envoyées à Londres, plus tard, à l'adresse d'un M. Cuthbert[1]; elles resteraient, en attendant, dans la chambre du chapelain. — Au jour fixé, qui était le 29 avril 1612, sir Dudley leur donna un mot d'introduction pour le maire de Cantorbéry, M. Chamberlain[2]; il se bornait à prier son ami de faire œuvre chrétienne, en assistant ces honnêtes étrangers, c'est-à-dire Vanini & le P. Jean-Baptiste Marie; — on n'a pas le nom du troisième. Les trois religieux, qui avaient quitté leur habit, comme on le pense bien, expliquèrent plus longuement à M. Chamberlain en quoi consistait cette œuvre chrétienne. Il s'agissait de les présenter à l'archevêque de la part de sir Dudley. On devine la joie du prélat quand M. Chamberlain alla lui demander son agrément. Elle fut plus grande encore quand

les manuscrits de *Her Majesty's Record office*. Il a trouvé des lettres de Vanini & d'autres pièces d'un grand intérêt.

1. R. Palumbo, p. 11. *Her Majesty's Record office*, vol. LXXI, f° 14. — 2. *Id.*, p. 9. *Ibidem.*

il eut pu juger par lui-même du mérite de deux au moins de ces Carmes qu'il allait avoir la gloire d'introduire dans le giron de l'Eglise anglicane. Il se prit de passion particulièrement pour Vanini. L'abjuration de cet Italien dont il vantait le mérite, celle de ses deux compagnons, qui étaient venus de si loin avec lui pour renoncer à leurs erreurs & confesser la vraie doctrine, excitèrent dans le monde de la haute Église la plus vive curiosité. Le futur chancelier Bacon, qui n'était encore que le docteur François Bacon, voulut y assister & y fut remarqué [1]. La cérémonie eut lieu le 1er juillet 1612, dans la chapelle des Italiens; il paraît par là que nombre d'Italiens s'étaient faits anglicans, lors de la publication de l'édit de 1610, plutôt que de se résoudre à quitter Londres. Le bruit de cette abjuration alla jusqu'à l'ambassadeur d'Espagne, qui en fut outré; dans sa colère, il ne parlait de rien moins que d'envoyer au bûcher les trois apostats; il faut sous-entendre, sans doute, s'il pouvait les prendre & les faire conduire à Madrid. Cela n'empêcha pas les nouveaux convertis de prêcher dans la même chapelle, le 23 juillet, devant une nombreuse assemblée qui admira la science de Vanini & l'abondance de diction de Jean-Baptiste [2]. Au mois d'août, les trois Italiens se séparèrent. Jean-Baptiste partit pour le Nord, avec l'archevêque d'York. Vanini resta auprès du primat, qui l'emmena avec lui en villégiature à Croydon d'abord, puis à Lambeth. Dans une lettre écrite de cette dernière résidence, le 9 octobre 1612, à sir Dudley [3], il parle avec enthousiasme de son bonheur : « Je suis dans ce pays-ci le plus heureux du monde. L'archevêque a beaucoup de goût pour moi. Votre Excellence le sait & veut bien s'en réjouir, car elle me fait cette grâce de me regretter & de m'aimer; cela ajoute encore au plaisir que j'ai d'être agréable à Monseigneur. » — Il écrit le même jour à sir Isaac Wake [4], dans le même sens, mais avec plus de précision : « Il est chéri de Monseigneur... Monseigneur veut l'avoir tous les jours à sa table... Monseigneur lui fait espérer une bonne situation...

1. R. Palumbo, p. 12. *Record office*, *domestic papers*, vol. LXX. — 2. *Idem, ibid.*, vol. LXXI, fo 13 — 3. *Ibidem*, vol. LXXI, fo 13. — 4. *Idem, ibid.*, p. 11. vol. LXXI, fo 14. — 5. *Idem, ibid.*

Le Pére Jean-Baptiste n'est pas moins favorisé ; il est en passe d'obtenir de l'archevêque d'York un bon bénéfice. »

Il est assez probable que c'est à ce moment & sous les yeux de son protecteur que Vanini composa sa *Vraie sagesse*, « De vera sapientia », & son *Mépris de la gloire*, « De contemnanda gloria ». Ces deux livres sont perdus. Si l'on en juge par les titres, ils devaient avoir une couleur assez puritaine. Comme l'auteur excellait dans l'art d'agréer, il s'y était fait Anglais pour les Anglais ; on voit par les citations qu'il en fait dans l'*Amphithéâtre* qu'il avait semé ces traités d'anecdotes tirées de l'histoire d'Angleterre.

Vanini s'abusait-il sur les sentiments de l'archevêque à son égard ? Je ne le crois pas ; mais il n'avait pas en lui ce qui eût pu les entretenir. Dans le milieu où il vivait, quelle que fût son adresse, la seule observation des pratiques du culte ne suffisait pas à masquer son indifférence. Il manquait de religiosité, il manquait de ferveur, & cela se sentait ; il était à mille lieues d'avoir, si je puis dire, le sens de la Bible, dans un pays où toutes les sectes s'inspiraient des passions & du langage des Hébreux.

L'archevêque de Cantorbéry s'aperçut enfin, sans doute, que ses néophytes n'avaient qu'un médiocre souci des biens spirituels. Il ne dit rien, mais il continua de les observer ; à mesure que leur conversion lui parut plus suspecte, il se refroidit & les traita moins bien. Les choses en vinrent à ce point, qu'avant la fin du mois de décembre 1612, il leur avait retiré sa faveur & son appui. Il y a lieu de croire qu'il les avait même déjà bannis de sa cour. Je n'imagine pas ce qu'il a bien pu dire de ses anciens protégés, dans une lettre qu'il écrivait le 13 janvier 1613 à l'évêque de Bath[1] ; mais voici ce que M. Chamberlain mandait à sir Dudley, le 14 du même mois de janvier : « J'ai vu aujourd'hui les deux moines italiens que vous m'avez recommandés. Ils m'ont tenu un long discours d'où j'ai conclu qu'ils sont mécontents & sans ressources. Ils en sont réduits à faire eux-mêmes leur lit & à balayer leur chambre. Je les ai engagés à faire de leur mieux

1. M. Palumbo a cité cette lettre sans la publier, p. 13.

pour l'amour de Christ. Il paraît que leur compagnon, Jean-Baptiste, ne se trouve pas mieux dans le Nord. » Il s'étonne, dans une lettre postérieure, de les voir si misérables; ce qui prouve que ni lui ni eux-mêmes n'étaient dans le secret du changement de l'archevêque à leur égard. Ils avaient déplu, mais pourquoi? — Rien ne nous fait connaître ce que devint Vanini pendant ces mauvais jours. C'est peut-être alors, & dans un pressant besoin d'argent, qu'il écrivit pour un libraire &, comme il dit, au courant de la plume, son *Traité de médecine* (Commentarii medici). Seulement, de plusieurs passages des *Dialogues*, il est permis d'inférer qu'il quitta Londres & qu'il parcourut quelques comtés. Les observations qu'il y a faites ne méritent guère d'être citées; ce sont des riens, comme on en dit souvent quand on cause; je les relève pourtant, parce qu'elles serviront à le faire mieux connaître. Il dit donc que les raisins ne mûrissent pas en Angleterre & que la bière fait tomber les dents, à preuve celle qu'il a perdue. Il a remarqué — & si c'est une remarque sérieuse, je ne le déciderai point — qu'il n'a vu nulle part de terre blanche en Angleterre : ceci est une pierre jetée dans le jardin d'Albion[1]. Quant à ceux qui s'imaginent que l'Angleterre est fondée à se dire vieille, à cause de sa blancheur, qu'il ne conteste pas, bien qu'il ne l'ait pas vue, ils se trompent singulièrement. Ce n'est pas la vieillesse qui l'a rendue blanche; c'est un incendie souterrain, car elle est pleine de veines de soufre. Cela, il ne l'a pas *vu* sans doute, mais il l'a *senti* devant ces grands feux de charbons de terre que les Anglais construisent si industrieusement[2]. Il a parlé encore d'une source d'eau douce jaillissant du fond de la mer, à l'orient & non loin d'Edimbourg[3]. Son maître Cardan avait goûté de cette eau. Si lui-même en avait bu, il n'aurait pas manqué de s'en faire honneur. Aussi je ne pense pas qu'il ait été en Ecosse. Mais il alla à Oxford, dont l'Université devait l'attirer[4]. On était en train d'y convertir un juif qui s'en trouvait assez bien, car, depuis deux ans qu'il se faisait instruire, il vivait entouré de mille soins dans le luxe & l'abon-

1. *De arcan.*, pp. 133, 134. — 2. *De arcan.*, pp. 133, 134. — 3. *De arcan.*, p. 108. — 4. *Amphith.*, p. 65.

dance. On venait enfin de le débarrasser de ce qui lui restait de scrupules; mais, comme on allait le baptiser, il prit la fuite; on le rattrapa. Les Anglais d'alors, suivant Vanini, avaient pour ceux de cette race une haine si vive qu'ils s'emportaient journellement contre les princes d'Italie qui les autorisaient à résider dans leurs Etats[1]. Heureusement pour le faux catéchumène, le roi était plus indulgent que ses sujets & pardonna.

Vanini lui-même ne tarda pas à éprouver le bienfait de cette tolérance de Jacques Ier. Revenu à Londres avec son compagnon, leur situation déjà déplorable n'avait fait qu'empirer. Au commencement de l'hiver, tous deux étaient malades de privations, de froid & aussi, je pense, de chagrin. Chamberlain écrit, le 25 novembre 1613, à sir Dudley, qu'ils ne vivent plus que de charités de leurs connaissances & de leurs amis.

De ces amis, dont le nombre ne pouvait pas être grand, Vanini en nomme un dans ses *Dialogues* : c'était Jérôme Moravi, chapelain de l'ambassade de Venise à Londres. Il en parle comme d'un excellent homme, & raconte qu'il a été son confesseur. Est-ce vrai? Cela est du moins possible. Il s'était fait anglican pour avoir un bénéfice; il a bien pu, dans l'excès de sa misère, se confesser pour avoir du pain.

Par intérêt & par reconnaissance, il continua de voir Moravi lorsqu'il fut guéri. Très probablement, certains sectaires en conclurent « qu'il était retourné à son vomissement » & le dénoncèrent. Cela seul peut expliquer — car après le 25 novembre on n'a plus de lettres de Chamberlain — pourquoi Vanini, qui n'avait rien à craindre, ce semble, puisqu'il était devenu protestant, fut arrêté & jeté dans un cachot en compagnie de prêtres & de religieux qui ne s'étaient pas assez souvenus de l'édit de 1610. Il y resta 49 jours, avec la perspective — c'est

1. Nombre de voyageurs se sont récriés contre l'existence des ghetti; ils ignoraient, sans doute, que les Juifs avaient jadis acheté fort cher aux princes d'Italie le droit d'être parqués de cette façon Grâce à la taxe qu'ils payaient, ils étaient là chez eux, suffisamment protégés, libres de pratiquer leur religion & de vivre à leur guise. On voit qu'en 1613 ils n'auraient pu obtenir à aucun prix le même avantage en Angleterre.

lui qui le dira plus tard — du gibet sur la terre & de la couronne de gloire dans les cieux. Si on l'écoutait, & l'on n'a eu longtemps que son témoignage, il n'aurait tenu à rien que le *misérable Lucile Vanin* du P. Garasse ne fût le bienheureux Vanini, apologiste, confesseur & martyr. Un peu plus de rigueur dans l'application de la peine qu'il avait encourue, il eût passé objet d'oraison & fut devenu le héros d'une légende attendrissante. Ainsi la bonté du souverain l'aurait dérobé aux larmes pieuses des hagiographes. La vérité est qu'on ne jugea pas à propos de le pendre ni lui ni ses compagnons; on se contenta de les embarquer & de les renvoyer chacun dans son pays.

Vanini prit passage sur un bâtiment marchand qui le conduisit d'abord à Rouen, où il vit la procession de la fierte de saint Romain[1], & de là à Bayonne[2]. Pendant que les gens du bord y vaquaient à leurs affaires, il alla, pour occuper son loisir, se promener le long de la mer, du côté de Capbreton qu'il appelle Capherton. J'avoue qu'un petit garçon (*puerulus meus*), que je trouve ici en sa compagnie, m'embarrasse. Evidemment cet enfant n'était pas du pays, car il avait peur que les grandes vagues qui déferlaient sur le rivage vinssent à le couvrir tout à fait. Pour le dire en passant, notre philosophe n'était guère plus rassuré, & il a l'air de croire que c'est le vent de terre qui l'a sauvé en faisant obstacle à l'eau[3]. Qui était-ce donc que ce garçonnet? Un fils adoptif ou un domestique? Ce serait l'un & l'autre si c'était le même que ce jeune Tarsius[4], à la fois élève en philosophie & petit laquais dont le babil spirituel, la curiosité & les espiègleries égayent les *Dialogues*, & qu'on y voit s'amuser avec Jules César de la crédulité d'Alexandre.

De Bayonne, Vanini se rendit par mer à Marseille[5], où il crut remarquer dans le port un mouvement à peine sensible de flux & de reflux. Il ne s'y arrêta pas & se dirigea vers Gênes, en passant par Nice[6], qui appartenaient alors au duc de

1. *De arcanis*. — 2. *De arcan.*, p. 128. — 3. *De arcan.*, p. 128. — 4. *De arcan.*, pp. 168, 350, 351. Tarsius est, je pense, l'équivalent de Paul ou de Paolo. — 5. *De arcan.*, pp. 117. — 6. *De arcan.*, pp. 164, 376, 377.

Savoie. Le philosophe professe pour ce prince, dans les *Secrets de la nature*, une estime & une admiration sans bornes. Veut-on savoir pourquoi? C'est que Charles-Emmanuel n'avait pas dédaigné de donner la croix de Saint-Lazare au cavalier J.-B. Marino, l'auteur de l'*Adone*, un simple poète, Napolitain comme lui, & son ami. Mais, pour les Niçois, c'est autre chose. Que pouvaient-ils bien lui avoir fait pour qu'il les déclare indignes d'être les sujets d'un si grand prince, & qu'il appelle leur ville « la sentine des plus fieffés coquins »? On croit entrevoir qu'ils s'ameutèrent contre lui. S'ils ne lui firent pas de mal, ce fut sans doute parce qu'il leur échappa, car il raconte qu'il fut poursuivi & qu'il passa une nuit dans une cabane, au milieu des champs, l'oreille tendue & l'œil ouvert, tout prêt à fuir s'il avait aperçu, à la clarté des étoiles, les *larrons* dont il avait peur [1]. Je suppose, sans tenir aucunement à cette conjecture, qu'il y avait dans ses habits, dans son équipage, un je ne sais quoi qui trahissait une origine britannique. Avec sa facilité d'assimilation, il était bien capable aussi, étant resté près de deux ans en Angleterre, d'avoir retenu quelque chose de la manière d'être & de l'accent de ces hérétiques d'Anglais. Et c'était plus qu'il ne fallait pour le rendre suspect à des Provençaux fort peu tolérants.

Il était trop près de Gênes, où il se rendait, pour que cette mésaventure, dont le souvenir remue en lui tant de fiel, pût abattre en rien son courage. D'ailleurs, il faut lui rendre cette justice, la mélancolie ne vint jamais à bout de sa foi en lui-même & de son insouciance. Il a toujours fait tête au malheur avec une grande fermeté & la plus allègre présence d'esprit. Il poursuivit son chemin sans être inquiété davantage, & il ne tarda guère à revoir son cher Jean-Marie Genocchi, le compagnon de ses études à l'Université de Padoue.

III

Depuis qu'ils s'étaient quittés, le temps avait donné leur forme dernière aux idées & au caractère encore indécis de Ge-

1. *De arcan.*, pp. 376, 377.

nocchi. Ce bon garçon, qui, l'on s'en souvient, avait vu une goutte de pluie se changer en grenouille, était devenu un théologien de mœurs graves, entêté de controverse & d'orthodoxie. Il venait de brûler sa poudre dans la grande bataille livrée par Molina à saint Thomas. Il était l'auteur d'un livre latin sur la grâce & le libre arbitre[1], où, tout passionné qu'il fût habituellement pour la tradition, il s'était rangé sous les enseignes des Jésuites, qui, à la vérité, étaient les plus forts, contre les Dominicains. Il appartenait tout entier à ses chefs de file.

C'eût été manquer de circonspection que de laisser voir à un tel homme qu'on avait fait autrement que lui, au moment surtout où l'on venait le trouver en fugitif & où l'on allait avoir besoin de toute son amitié. Vanini avait compris dès son arrivée qu'il fallait s'interdire de penser & d'agir librement, & que le mieux était de marcher dans l'ombre de son ami. Il en avait pris son parti, &, autant que le permettait sa nature capricieuse, il avait composé sa conduite & ses mœurs sur celles de Genocchi. N'oublions pas qu'il était prêtre & que cette attitude, qui aurait pu surprendre chez un philosophe déclaré, ne messeyait pas à son état, car je tiens pour certain qu'il avait repris sa soutane aprés l'avoir déchirée en Angleterre. Il ne s'en était pas même tenu là. Afin de donner au personnage qu'il s'agissait de représenter une physionomie plus saisissante, il lui avait prêté tout ce qui dans sa vie passée pouvait lui convenir ou lui faire honneur : ses relations avec le nonce, ses écrits contre les disciples de Machiavel, son *Apologie du concile de Trente*. Sous le feu de son imagination inventive, les circonstances de son bannissement de la Grande-Bretagne projetaient autour de son front comme un reflet d'auréole. Il se donnait pour un martyr d'intention, qui avait survécu sans le faire exprès. Il parlait de son enthousiasme, de celui de ses compagnons, presque tous Jésuites, durant leurs quarante-neuf jours de captivité dans les cachots des hérétiques. A l'entendre, c'était avec peine que lui & eux s'étaient vu ravir cette joie sans pareille de mourir dans les supplices pour la plus grande gloire de la religion[2].

1. *Amphith.*, pp. 303, 304. — 2. *Amphith.*, p. 117.

Avec tout cela, je doute qu'il réussît à se faire prendre pour un saint. De son aveu même, ses ouvrages, dont il se faisait des cautions, ne furent pas du goût de tous les théologiens[1]. Néanmoins le fait de son quasi-martyre était constant, & il était trop à l'honneur de la foi pour qu'on ne lui en tînt pas grand compte. Grâce aux recommandations de Genocchi & à cette bonne opinion qu'il sut donner de lui, il put demeurer tranquillement à Gênes & y vivre, à son ordinaire, en donnant des leçons. Il nous apprend négligemment — comme négligemment on lève la main pour montrer une bague de prix — qu'il y eût pour élèves des jeunes gens de qualité, parmi lesquels un Doria[2]. Quant à ses relations, elles furent naturellement celles de son ami. Il se trouva de nouveau intimement mêlé, comme il l'avait été jadis à Naples, aux gens d'église & aux religieux. Les souvenirs de sa jeunesse le conduisirent chez les Carmes, ses premiers instituteurs. Il découvrit là un Spinola qui avait enseveli ses privilèges de naissance sous la robe brune & le camail blanc. Un Spinola, simple moine[3]! cela lui paraît étrange. Què n'a-t-il eu la puissance d'appareiller le nom & l'habit! son Spinola aurait été cardinal; &, après tout, il le méritait, car c'était un homme aimable, assez savant, avec qui il y avait plaisir à parler philosophie.

Genocchi le mit aussi en rapport avec les Jésuites, qui étaient alors, plus belliqueusement peut-être qu'ils ne le sont aujourd'hui, les soutiens de la cause catholique. Par ce qu'on devine de ses entretiens avec eux, on voit qu'ils ne faisaient mystère à personne de leurs préoccupations. Les hérésies n'étaient pas ce qui les inquiétait le plus : ils se flattaient d'en avoir arrêté le progrès. Mais ils avaient bien autrement peur de l'irréligion. Leurs missionnaires, qui avaient rencontré en Chine, au Japon, dans l'Inde & en Tartarie, cette négation redoutable, la retrouvaient maintenant en Europe & jetaient le cri d'alarme[4].

La vie calme, mais contrainte, stérilement laborieuse, à peine égayée, que lui imposait son mauvais destin, ne faisait

1. *De arcan.*, p. 374. — 2. *Amphith.*, p. 274; *De arcan.*, p. 172. — 3. *De arcan.*, p. 459. — 4. *Amphith.*, avis au lecteur, p. 1.

pas, on s'en doute, l'affaire de Vanini. Ce n'était pas sans chagrin qu'il se voyait presque revenu à son point de départ; il s'impatientait de ne pouvoir donner un objet sérieux à son ambition. Le souvenir de Paris, où il avait failli être si heureux, l'obsédait. On a la mesure de ses regrets dans l'ardeur de haine dont on le voit poursuivre, précisément pendant son séjour à Gênes, la mémoire de ce malheureux Silvius, qui avait été cause de sa fuite en Angleterre[1]. A force de prendre sa situation présente en dégoût, l'idée lui vint de chercher les moyens de s'en tirer à son avantage; &, une fois venue, ne cessa de faire travailler son esprit. Il ne s'agissait pas, bien entendu, de quitter Gênes pour aller dans une autre ville d'Italie, au hasard d'y être mieux ou plus mal. Il fallait bien autre chose pour satisfaire ses désirs & ses espérances. Ce qu'il souhaitait, c'était de rentrer en France, d'y demeurer sans danger, d'y retrouver ses anciens horizons. Mais y avait-il au monde une puissance capable de l'y ramener dans ces conditions? Oui, sans doute, & même cette puissance n'avait rien d'occulte & d'inaccessible. Vanini pouvait la voir & l'approcher tous les jours : c'était la Compagnie de Jésus. Il n'y avait rien de si connu que le crédit dont elle jouissait au Louvre auprès de la reine régente & des ministres. Avec son aide, car on ne pouvait espérer rien de plus, il serait peut-être malaisé, il n'était nullement impossible d'obtenir des lettres d'abolition pour le meurtre de Silvius. Mais comment s'en faire une amie effective? Comment se procurer son attache? — Vanini résolut la question en écrivant l'*Amphithéâtre*.

Il est inconcevable que ce verbiage scolastique, qui, s'il n'est orthodoxe, a bonne intention de l'être, ait jamais pu passer pour l'œuvre d'un philosophe; mais c'est l'effet ordinaire de la prévention. Une foule de gens l'ont flairé, retourné, puis doctement, comme l'ours de la fable, ont déclaré qu'il sentait le fagot. Je le crois bien! Ils pensaient au bûcher de la place du Salin. Voltaire, lui, ne s'y laissa pas tromper. Il s'était hasardé à lire l'*Amphithéâtre* sur la réputation de martyr de la philosophie qu'on avait faite à l'auteur. Après s'y être quelque peu

1. *Amphith.*, p. 285.

embourbé, n'y trouvant pas ce qu'il attendait, les malheurs de Vanini cessèrent de l'intéresser, il en rit : « Je suis fâché qu'on ait *cuit* ce pauvre Napolitain; mais je brûlerais volontiers ses ennuyeux ouvrages[1] » Qu'aurait-il dit, grands dieux! s'il avait aperçu au beau milieu de l'avis au lecteur ce dithyrambe à l'honneur de la Compagnie de Jésus :

« Les hérésies sont en décadence; mais pourquoi ? C'est que les puissants héros de l'Eglise militante, ceux que nous appelons la Société de Jésus, tendent, pour les battre & les confondre, tous les ressorts de leurs corps & de leurs esprits! Combien de fois Valentia, Bécane, Douchez, Suarez & tant d'autres frères d'armes de la très sainte Compagnie n'ont-ils pas combattu pour la religion catholique! Aussi, on me l'entend souvent dire, mes préférences sont pour eux. Les autres ordres religieux brillent, sans doute, & se maintiennent par la pureté des mœurs, la connaissance des sciences, la réunion des vertus les plus parfaites; mais la Societé de Jésus, c'est la mère même & la nourrice de la piété & du savoir; c'est l'ornement, la splendeur, que dis-je, le palladium de l'Eglise romaine, c'est, par la grâce du Dieu éternel, l'arc-boutant des autres ordres & l'ancre de la catholicité[2]. »

Cette rhétorique, qui paraît si étrange sous la plume d'un philosophe prétendu, est comme la clef de l'*Amphithéâtre* & indique suffisamment dans quel ton il a été écrit. S'il a été fait, comme quelques-uns l'ont imaginé, pour attaquer la foi catholique sous prétexte de la défendre, à quoi bon tant d'hyperboles! Est-ce que les Jésuites auraient pu s'y tromper ? Ils ne sont pas de ceux que l'on endort avec des louanges. Croit-on qu'ils seraient ce qu'ils sont, si l'ombre de leur amour-propre pouvait leur dérober l'aspect vrai des choses? Ne sait-on pas que le meilleur de leur force consiste à reconnaître, à deviner ce qui convient, ce qui nuit à leur dessein? La meilleure preuve que l'*Amphithéâtre* n'avait pas de quoi leur être suspect, c'est qu'ils ne l'ont pas fait mettre à l'index, même après la tragédie du 9 février 1619. On reconnaît là leur impassible savoir-

1. Voltaire, *Correspondance générale*, lettre 334, à l'abbé d'Olivet. — 2. *Amphith.*, avis au lecteur, p. 3.

faire[1]. Peu leur importait que Vanini les eût induits en erreur sur sa personne, l'Eglise n'en avait pas souffert. En définitive, il n'avait réussi à les abuser qu'en se déguisant à leur mode, en mettant son art & ses connaissances au service de leurs idées. Et, en effet, c'est bien cela qu'il avait fait, c'est bien cela qu'il avait voulu. L'*Amphithéâtre*, il faut bien qu'on le sache, n'est pas tant un livre où l'on doive chercher ses pensées intimes qu'une manœuvre qui n'a d'autre visée que son intérêt. Il s'y place au point de vue des Jésuites. Quels sont en 1614 les plus redoutables ennemis de la religion? Les incrédules. Guerre donc aux incrédules! Qu'ils se disent philosophes, épicuriens, péripatéticiens ou stoïciens, sus à ces athées, car c'est leur vrai nom! mais surtout sus aux misérables adeptes de la doctrine de Machiavel! car ceux-là, qui se laissent appeler chrétiens-catholiques, osent bien nier positivement qu'un Dieu gouverne le monde! Il n'y a, suivant eux, d'autre providence que celle des princes, & c'est cette providence toute humaine qui, pour maintenir la plèbe dans la servitude & dans le devoir, a donné cours à tout ce qui se raconte du ciel & de l'enfer[2]!

C'était la thèse même qu'il avait soutenue déjà sous une autre forme, trois ans auparavant, pour se rendre favorable le nonce Ubaldini. Les raisons qu'il fait valoir ont l'air d'être empruntées à ses cahiers d'Université. Elles sont affilées & tranchantes; mais elles font penser, comme du reste tous les livres de controverse, aux exécutions en effigie. Le coutelas brille, une tête tombe, les magistrats sont satisfaits, la populace applaudit; pendant ce temps-là, le condamné court les champs & ne se doute pas qu'il vient de mourir.

Vanini se rendait parfaitement compte de cette impuissance de la discussion. Il avoue lui-même en riant dans ses *Dialogues* que l'*Amphithéâtre* n'est pas un livre de bonne foi. « Mais dans votre *Amphithéâtre*, lui dit Alexandre, vous avez

1. Il n'est pas compris dans l'*Index librorum prohibitorum* Innocentii X. P. M. jussu edictus, usque ad annum 1681. Romæ, 1704. Les *Dialogues* sont prohibés, mais seulement *donec corrigantur*. — 2. *Amphith.*, avis au lecteur, p. 2, & pp. 35, 36.

expliqué pourquoi cet enfant parla dès le jour de sa naissance. — JULES CÉSAR. Je n'ajoute aucune foi à bien des choses qui sont dans ce livre. *Cosi và il mondo.* — ALEXANDRE. Je ne m'en étonne pas, & il m'arrive souvent de dire en notre langue : *Questo mondo è una gabbia de matti*[1]. » Aussi son énergie à asséner de grands coups inoffensifs a-t-elle quelque chose de tristement comique. Elle est tout à fait assortie à l'attitude théâtrale qu'il prend pour déclarer, dans l'avis au lecteur, qu'il va faire ce que personne peut-être n'a fait avant lui & pourfendre les athées qui pullulent, pendant que « les héros de l'Eglise militante » en décousent avec les hérétiques. Il est évident qu'il frappait en réalité non sur les philosophes, mais sur l'esprit de ceux des Jésuites qu'il voyait habituellement, & qu'il s'efforçait d'y imprimer une idée à fleur de coin de son zèle pour la bonne cause, de son dévouement à l'Ordre, & de son aptitude à le servir. On va voir par la suite de sa vie que sa tactique eut un plein succès. Pour dire la vérité, aucun document n'atteste que les Jésuites lui aient témoigné leur reconnaissance en lui prêtant leur crédit. Mais les circonstances que j'ai fait connaître, & la force du courant qui va désormais emporter vers la haute mer la fortune de Vanini, laissent deviner que ce sont eux qui l'ont remise à flot & dégagée de l'écueil où elle s'était échouée. Pourtant, il faut s'entendre & empêcher ici toute méprise. Je ne veux pas dire que le général & les principaux de l'Ordre prirent en main la cause de l'auteur de l'*Amphithéâtre*. Cela serait par trop ridicule. On sait bien que la Compagnie répugne à donner en corps, alors même qu'il s'agit de dégager quelqu'un des siens, & qu'elle n'irait pas perdre de vue l'unique fin qu'elle s'est proposée, pour s'occuper des embarras d'autrui. En revanche, elle laisse aux individus qui la composent une certaine latitude d'obliger ; ils peuvent rendre quelques bons offices ; mais à l'air distrait & comme détaché dont ils le rendent, on sent que la bienveillance leur est mesurée & qu'ils n'agissent que par tolérance. Aussi n'aident-ils volontiers que ceux qui commencent par s'aider eux-mêmes. Dans ces conditions & quelque res-

1. *De arcan.*, p. 428.

treint qu'il paraisse, leur concours ne laisse pas d'être infiniment utile, car ils sont admirables pour donner des conseils, indiquer les points stratégiques d'une intrigue ou d'une affaire, signaler les personnages qu'il importe de circonvenir, & surtout ménager à leurs protégés par des recommandations directes ou transmises l'appui dont ceux-ci ont besoin.

Voilà ce que Vanini attendait des Jésuites de Gênes. Il n'y a rien d'étonnant à ce qu'il l'ait obtenu, puisqu'il s'était donné tous les droits possibles à leur confiance & à leur amitié. On voit, à la manière dont il parle de Silvius en deux endroits de l'*Amphithéâtre* (pages 268 & 285), qu'il ne leur avait pas laissé ignorer son histoire, &, comme on connaît son imagination & sa finesse, on peut être sûr qu'il les avait amenés à regretter que cette malheureuse aventure eût interrompu la guerre en règle qu'il était en train de faire, sous les auspices du Nonce, à l'incrédulité & à l'hypocrisie philosophiques. Son nouvel ouvrage, où il reprenait ses premiers & louables errements, semblait prouver que l'extermination des athées était chez lui une idée fixe, ou — car il vaut mieux parler à sa mode — une mission pour laquelle la divine Providence, dont il s'était fait le vengeur, l'avait élu & prédestiné. En effet, les athées étaient relativement en petit nombre en Italie, & où était l'occasion prochaine des grands coups qu'il venait de leur porter? L'*Amphithéâtre* n'avait pas de raison d'être à Gênes. Publié en France, où l'irréligion faisait d'effrayants progrès, il n'y paraîtrait pas sans profit. C'était donc une chose désirable que l'auteur pût rentrer à Paris. Etait-ce une chose impossible? Il fallait en faire l'expérience aux moindres risques qu'il se pourrait. Pour commencer, pourquoi Vanini n'irait-il pas d'abord à Lyon? Il y ferait imprimer son livre, tout prêt à regagner la frontière à la première alerte. Les Pères de la Compagnie jouissaient dans cette ville d'une grande autorité. L'archevêque était M. de Marquemont, un des plus ardents promoteurs de la publication du concile de Trente. Le gouverneur se trouvait être Alincourt, c'est-à-dire le propre fils du secrétaire d'Etat Villeroy, si favorables aux Jésuites. Il n'y avait pas d'obstacles que de pareilles puissances ne fussent en état de lever. Si elles ne daignaient pas, comme il était probable, prendre la peine de solliciter la grâce du meurtrier de Silvius, elles voudraient peut-être bien lui faire obtenir une permission tacite de retourner à Paris & lui donner accès auprès du Chancelier. Le tout était de les mettre dans son jeu; c'est à quoi il fallait travailler.

Encore une fois, ce plan de campagne ne se trouve exposé nulle part; ce n'est qu'une hypothèse, mais les faits qui y adhèrent & qui la prolongent lui prêtent leur réalité. Ce qui est certain & bien avéré, c'est que, dès le mois de mars 1615, Vanini est établi à Lyon dans une mauvaise petite hôtellerie[1]. Il a trouvé, ou plus probablement on lui a procuré un éditeur, car je ne suppose pas qu'en l'état de sa fortune il ait été l'ennemi des philosophes jusqu'à la bourse inclusivement. Il s'occupe à préparer l'impression de son manuscrit. Seul ou de compte à demi avec ceux qui le protègent, il fait des démarches auprès du censeur ou de l'official de l'archevêché, du procureur & du lieutenant général du roi. Il s'agit de donner à l'*Amphithéâtre* ses grandes entrées dans le monde. Un livre de ce caractère & qui a de telles visées ne peut pas s'y présenter en inconnu. Il recherche avec hauteur ce que dédaignent ou évitent les œuvres modestes ou douteuses. Il a la prétention, que celles-ci ne sauraient avoir, de plaire aux honnêtes gens. Il ne craint pas de se munir des sacrements institués à l'usage des libraires par l'Eglise & la puissance civile, & par elles imposés aux nouvelles impressions pour la plus grande sûreté des consciences. Aussi voyez avec quelle considération on le traite. Le censeur Jean-Claude Deville, maître en théologie, prédicateur, chanoine de Saint-Paul, ne se contente pas de louer « ses raisonnements si ingénieux & si forts », de les déclarer conformes à l'enseignement des plus grands docteurs : il s'afflige encore avec l'auteur de la scandaleuse propagande des politiques & des athées, & s'écrie en gémissant qu'il n'est que trop utile de s'y opposer. Approbation, permis d'imprimer, permis de publier, privilège du roi viennent successivement, du 4 au 23 juin 1615, se ranger autour de l'*Amphithéâtre* comme une garde d'honneur.

1. *De arcan*, pp. 446, 447.

Si Vanini n'avait eu d'autre but que celui qu'il indique dans son avis au lecteur, il aurait pu s'en tenir à ces distinctions. Il n'en fallait pas davantage pour prévenir en faveur de son livre ceux qui s'intéressaient aux questions religieuses. Mais, comme on sait qu'il tendait ailleurs, on s'explique très bien qu'il ne s'en soit pas contenté & qu'il en ait cherché de plus personnelles. C'était très bien d'avoir vengé la Providence la plume à la main; c'était beaucoup de produire un *satisfecit* des juges de la doctrine & de passer pour un ami des Jésuites. Mais cela était-il suffisant? Cela, sans plus, lui rendrait-il le libre accès du Louvre? Evidemment non. Le grand art, quand on sollicite, est de faire en sorte que les gens en place dont on a besoin ne restent pas indifférents. Il faut, comme on dit, les mettre dans son jeu, les prendre, ainsi qu'ils aiment à l'être, avec des noms dont l'éclat les séduise ou les inquiète, non pas seulement avec des raisons qui, si bonnes qu'elles soient, auront toujours ce tort à leurs yeux de ne pas les intéresser du tout. Notre philosophe, qui les avait bien connus, se souvint fort à propos que le comte de Lémos était le bienfaiteur de sa famille, & il s'arrangea pour que l'*Amphithéâtre* parût sous les auspices de ce grand & puissant seigneur. Veut-on juger de l'effet possible de cette manœuvre? Qu'on imagine le Chancelier de France en train de travailler avec un référendaire. — Voici une requête d'un sieur Vanini. — Qu'est-ce que c'est? — Il demande des lettres d'abolition pour meurtre. — Se moque-t-il? — Il a fait un traité contre les athées. — Eh bien, après? — Le censeur de Lyon a déclaré ce livre excellent. — Je le veux bien. — Il parle avec admiration des Jésuites. — Il n'y a qu'à lui accorder un privilège. — C'est déjà fait. — Alors n'en parlons plus. — Attendez, il est dédié à Mgr François de Castro, comte de Castro & duc de Taurizano. — Qui? l'ancien vice-roi de Naples, l'ambassadeur d'Espagne auprès du Saint-Siège? — Lui-même. — Eh mais, passez-moi donc ce livre. Quel titre, bon Dieu! *Amphitheâtre de l'éternelle Providence, divino-magique, christiano-physique, astrologo-catholique!* Mais c'est un opérateur que cet homme-là! Enfin!... C'est un domestique de la maison de Castro... le fils de l'intendant du comte de Lémos... Il a un frère à Rome qui est un favori de l'ambassadeur... il faudra examiner cette affaire.

A côté de ce patronage illustre, Vanini en affiche un autre qui, pour être plus modeste, lui était peut-être plus immédiatement utile. Suivant un usage déjà bien ancien dans le monde des lettres, ses amis s'étaient chargés de parer sa gloire & avaient suspendu au portique de l'*Amphithéâtre* des guirlandes de vers latins. L'un ne veut plus qu'on lui parle des monuments des Sept-Collines : l'univers contemple un nouvel amphithéâtre à la fois plus noble & plus beau! — Si César vivait de notre temps, dit un autre, voici qui lui apprendrait à vaincre. — Quel est, je vous prie, s'écrie un troisième, le plus grand des deux Césars, celui qui vainquit Pompée par la force des armes ou celui qui vient de vaincre Aristote par la force de son génie? — Or, l'auteur de cette question osée n'était rien moins que premier médecin de Louis XIII. Il se nommait Jean Gontier. C'était peut-être un homonyme, mais l'importance de sa charge m'incline plutôt à croire que c'était un frère ou tout au moins un parent de ce prédicateur jésuite, le P. Gontier, dont le zèle téméraire & l'intempérance de langue excitèrent plus d'une fois la colère de Henri IV.

On se rappelle que, pendant son premier séjour à Paris, l'apologiste du concile de Trente fréquentait volontiers ou, pour mieux dire, recherchait les médecins. Il est tout naturel qu'il se soit lié de préférence avec celui-là qui était un personnage, & que peut-être une affinité prochaine unissait à la camarilla, dont le nonce Ubaldini s'était fait l'inspirateur. A la place où il se trouve, le nom de Jean Gontier prouve que si, après sa fuite en Angleterre, Vanini s'était laissé oublier de ceux qu'il avait connus à Paris, il avait pris soin de renouer avec eux durant son séjour à Lyon, qu'il avait des intelligences dans le Louvre, & qu'il était à même d'être bien informé des événements qui pouvaient contrarier ou favoriser son retour.

Selon les calculs les plus probables, Vanini demeura près de six mois à Lyon, non pas toutefois d'une manière continue, car il alla de là à Génève, où même il fit rencontre d'un Flamand sans préjugés auquel il prête ce propos dans ses *Dialogues* : que les lois interdisent les mariages entre parents de peur que les conjoints n'y trouvent trop de douceur & ne veuillent plus s'occuper à autre chose[1]. — Les mesures qu'il avait à prendre le retinrent sans doute sur les bords du Rhône; mais je crois bien aussi qu'il ne s'y déplaisait pas. N'ayant pas à se contraindre comme à Gênes, il avait rendu la bride à son esprit; il était philosophe tout à son aise. Lyon était alors ce qu'est aujourd'hui Leipzig, un grand marché de livres. Il se mit à fureter dans les boutiques des libraires avec l'espoir d'y découvrir ce qu'il avait cherché sans succès, on s'en souvient, à la foire de Francfort & aussi à Paris, le *Traité de l'âme* de Cardan[2]. Il ne le trouva pas & se consola de ce mécompte en s'abandonnant à son goût pour les sciences naturelles. Et, pendant que nous nous le représentons fort affairé & tout entier aux préliminaires & à l'impression de l'*Amphithéâtre*, il faisait des expériences, il disséquait des poissons[3]. On sait que sa prétention était de détrôner Aristote & d'écrire une nouvelle histoire des animaux. — Il n'est pas bien sûr qu'il n'ait pas fait dès lors le premier brouillon des *Secrets de la nature*, qui parurent l'année suivante à Paris. En tout cas, il était en bonne disposition pour traiter ce sujet. Une petite aventure dont il fut témoin, à ce qu'il dit, & qu'il n'a pu conter sans s'admirer lui-même, nous le montre déjà bien brouillé avec une certaine sorte de merveilleux. Une dispute s'éleva un jour dans la petite hôtellerie où il était descendu. C'était un voyageur, qu'on avait bien traité pourtant, qui ne voulait pas donner les trente sous qu'on lui réclamait pour prix de son dîner. De guerre lasse, il finit par payer, mais en maugréant, s'en alla comme un furieux dans sa chambre, où il demeura quelque temps, puis sortit en hâte de la maison sans dire un mot à personne. On le guettait. Aussitôt qu'il fut parti, un garçon monta pour voir si cet homme n'avait rien dérobé; mais, à peine fut-il dans l'escalier, il se mit à danser, à danser sans pouvoir s'arrêter. Bientôt tous les buveurs qui étaient attablés dans l'hôtellerie en firent autant, & tous ceux qui entraient de même. Grand émoi dans le quartier, comme on le pense bien. Miracle! criait-on, &, s'il vous plaît, ce n'étaient pas seulement les catholiques, les hugue-

1. *De arcan.*, p. 326. — 2. *Amphith.*, p. 172. — 3. *De arcan.*, p. 219.

nots eux-mêmes s'en mêlaient. Heureusement, Vanini survint. Il expliqua à ces bonnes gens qu'il n'y avait là rien de surnaturel. Lui, Napolitain, ne pouvait pas s'y tromper. Le voyageur, pour se venger, avait brûlé en vase clos de la poudre de tarentule. En partant, il en avait laissé échapper la fumée qui s'était répandue dans le logis. Il avait aussi, sans doute, jeté de cette drogue, à l'insu de tout le monde, dans le vin & dans les verres; de là cette sauterie forcée[1]. — Je ne garantis point le conte, encore moins l'explication. Notre philosophe a voulu s'amuser, je pense; mais, s'il croyait ce qu'il a écrit, quelle étrange manière d'entendre les secrets de la nature!

IV.

Nous avons vu que le suprême désir de Vanini était de revenir à Paris. Pour s'en assurer les moyens, pour se faire des intercesseurs auprès du chancelier, il avait écrit l'*Amphithéâtre*, il avait flatté les jésuites & rompu des lances contre les *libertins*. Les troubles qui survinrent en France rendirent tout à coup cette haute tactique superflue.

Il n'était plus besoin de battre la place; le meurtrier de Silvius était libre de s'y glisser par surprise. Il laissa donc là toutes ses combinaisons, & dès les premiers jours du mois de juillet 1615, sans permission de personne, sans lettres de rémission, il s'aventurait à rentrer dans Paris, sous l'habit ecclésiastique, qui, comme on sait, était le sien. Il pouvait y passer inaperçu. Ceux qu'il redoutait avaient bien d'autres occupations que de prendre garde à sa présence. Le prince de Condé & les grands à sa suite, jaloux de l'omnipotence de Concini, venaient de s'armer contre Marie de Médicis; d'un autre côté, les Parisiens, assez peu soucieux au fond des griefs des princes, mais extrêmement animés contre la camarilla italienne, sa morgue, ses rapines, sa prodigieuse fortune, étaient d'intention, sinon d'effet, du parti des rebelles. La ville était toute échauffée d'un esprit d'opposition. Comme ceux qui

1. *De arcan.*, pp. 446, 447.

étaient l'objet de leur haine se trouvaient être précisément les ennemis de Vanini, — car on verra plus tard que le patron de Silvius ne pouvait être qu'un Italien, — il lui fut donné d'éprouver la douceur d'un état d'âme qu'il n'avait sans doute jamais connu : il put être sincère.

Les amis qu'il avait retrouvés à Paris ne pouvaient lui être d'un grand secours; il ne devait rien attendre, il le sentait bien, que de lui-même & de ses talents. C'était plus que jamais, grâce à ses voyages, un causeur instruit & spirituel, qui excellait à se faire valoir. Il était bien sûr qu'il saurait amuser & intéresser les gens d'esprit : le difficile était d'en trouver qui fussent d'humeur à l'obliger & en état de le servir, *rara avis*, surtout à la cour. Mais il était en veine de bonheur, & il n'eut pas besoin de chercher longtemps. Dès ses premières visites au Louvre, il avait remarqué un homme d'un certain âge, de dehors modestes, mais qui paraissait familier avec les plus grands seigneurs. Il était allé aux renseignements, & il avait appris que ce personnage était un Écossais qui avait été précepteur du jeune abbé de Redon, neveu de Bassompierre & du maréchal de Saint-Luc[1], & qui était resté le commensal & le conseiller intime de son ancien élève. Quelle occasion pour le philosophe, qui avait séjourné en Angleterre & qui voyait jour à gagner le cœur de cet étranger en lui parlant de son pays! Il ne lui fallut pas beaucoup de temps pour s'en faire un ami, & à son gré, mieux qu'un ami, un prôneur. — Bientôt après, ce qu'il avait souhaité arriva. L'abbé de Redon voulut voir ce jeune prêtre italien qu'on lui vantait sans cesse comme un homme d'une science merveilleuse & d'un

1. Rosset, *Histoires tragiques*, édition du mois d'août 1619, au chapitre « De l'exécrable docteur Vanini, autrement Luciolo, etc. » J'ai cherché six ans cette édition, qui fut supprimée presque aussitôt qu'elle eut paru. M. Charles Barry, de Toulouse, qui a bien voulu la chercher avec moi & pour moi, l'a trouvée en Angleterre. Son exemplaire, qui lui a coûté 50 francs, provient de la bibliothèque de Jean, duc de Rutland. Les autres éditions des *Histoires tragiques*, qui sont innombrables, ne font pas mention de Vanini. — J'apprends qu'un autre exemplaire de cette édition d'août 1619 se trouve à la bibliothèque de la ville de Chartres (Eure-&-Loir).

esprit universel. Par les suites de l'entrevue, on peut juger s'il fut séduit à son tour. Soit pour son agrément, soit pour son instruction, Arthur d'Epinay Saint-Luc voulut s'attacher Vanini. Il le logea d'abord chez lui & lui donna place à sa table[1]. Il ne borna pas là ses bienfaits : il lui accorda encore une pension, sans lui imposer d'ailleurs des devoirs de clientèle bien rigoureux. Vanini n'avait jamais été si indépendant[2]. L'estime que son nouveau patron lui témoignait lui avait ouvert les meilleures maisons de la cour. Il fréquentait chez le Nonce[3]; il était bien accueilli, ô fortune ! chez le Chancelier[4], dont il attendait son salut; il était admis à visiter de très grandes & très honnêtes dames à qui il disait des gaillardises sous prétexte de faire le médecin[5]; enfin, il était à son aise avec le toujours brillant Bassompierre, à qui l'abbé de Redon l'avait présenté[6]. C'est lui-même qui nous donne le détail de ces relations. Les bribes de conversation qu'il nous rapporte témoignent au reste de la liberté de ses allures & de ses discours dans ce monde si élevé : « Comment, madame, il ne vous arrive jamais de voir en rêve un beau jeune homme qui vous enivre de ses baisers ! mais alors vous êtes malade ! Ce n'est pas moi qui le dis, c'est Aristote, c'est Hippocrate, je vous le prouverai[7]. » « — D'où viennent les songes? demandait Nicolas Bruslart. — Monsieur le Chancelier, suivant Hippocrate, la prudence est en raison de la chaleur normale du sang. S'il se refroidit, & c'est ce qui arrive dans le sommeil, elle diminue, elle ne suffit plus à écarter de l'esprit les vains fantômes, les images chimériques. — Mais cette opinion me plairait assez. — J'en ai une autre, monseigneur, qui me paraît préférable, etc.[8]. »

Mais ce fut surtout auprès des jeunes gens de la Cour, presque tous frondeurs & presque tous *libertins*, — il faut entendre sur cela le P. Garasse, — que l'esprit de Vanini devait

1. *De arcan.* — 2. Rosset, *Histoires tragiques*, édition citée. — 3. *De arcan.*, pp. 169, 170. — 4. *De arcan.*, p. 489. — 5. *De arcan.*, p. 486. On trouvera quelques-unes de ses ordonnances aux pages 177, 248, 446. Elles prescrivent surtout des aphrodisiaques. — 6. *De arcan.*, dédicace à Bassompierre, p. 6. — 7. *De arcan.*, p. 486. — 8. *De arcan.*, p. 489.

faire fortune. Cette jeunesse, qu'il venait de maltraiter si doctoralement dans l'*Amphithéâtre*, ne lui en gardait pas rancune. Elle se fût prêtée elle-même, à l'occasion, à de semblables palinodies : les lois étaient si rigoureuses, les juges si intolérants! *Intus, ut libet, foris, ut moris est*, c'était en Italie la règle de conduite de Cremonini, c'était la leur. Aussi observaient-ils fort exactement les pratiques extérieures de la dévotion [1]; ils se faisaient même un jeu, où Bassompierre était surtout habile, dans leurs conversations publiques, de réduire en poudre les huguenots [2]. Mais comme ils se rattrapaient dans leurs réunions, dans le secret de leurs parties de plaisir! ils y faisaient fête aux hommes de lettres qui leur donnaient à savourer de spirituelles impiétés; ils les aidaient de toute manière à scandaliser les dévots par la publication de leurs ouvrages, &, s'ils les voyaient ensuite en péril, ils les couvraient hardiment de leur crédit. Qu'on juge d'après cela s'ils firent bon accueil à un nouveau Lucien qui venait les approvisionner contre la religion établie d'arguments sérieux & d'épigrammes! En un rien de temps, dans ce milieu, Vanini devint l'homme à la mode; il eut — c'est lui qui parle — un nom célèbre parmi les grands de France [3], & son audace, qui n'avait pas trop besoin déjà d'être excitée, mais qui semblait toujours s'ignorer, & qui excellait à se donner des airs d'innocence, ne vit plus rien au monde qu'elle ne pût affronter.

Il était véritablement enivré de la faveur dont il se sentait jouir; aussi, confiant sans mesure dans son habileté à tout dire & à tout faire passer, il osa d'abord faire éclater, non pas encore comme philosophe & comme médecin, mais en tant que prêtre, — n'oublions pas son caractère sacré, — toute l'indépendance de son esprit. Dans la situation qu'il avait conquise, il n'avait pas eu de peine à obtenir la permission d'aborder la chaire. Ce fut au quartier de la Place-Royale, dans les églises fréquentées par les gens de cour, qu'il se produisit comme prédicateur. Il semble qu'il le fit avec quelque

1. Le P. Garasse, S. J., *Doctrine curieuse des beaux esprits de ce temps.* Paris, 1624. — 2. *De arcan.*, dédicace, p. 6 & p. 422. — 3. *De arcan.*, pp. 3, 4.

succès, c'est-à-dire de manière à fixer sur lui l'attention; mais il ne contenta pas également tous ses auditeurs. S'il y en eut qui goûtèrent franchement la grâce, la facilité, la piquante nouveauté de son éloquence, il s'en trouva aussi plusieurs, « hommes doctes & versés aux controverses », qui prirent alarme de sa doctrine[1]. Était-elle réellement répréhensible au point de vue catholique? &, si elle l'était, faut-il admettre que Vanini n'eut pas conscience de s'écarter de l'orthodoxie? Je crois qu'il eût été bien fâché que ses amis les grands seigneurs eussent eu de lui cette opinion. On sent qu'il était bien aise de passer à leurs yeux pour un fanfaron d'hérésie. Dans les *Secrets de la nature*, au cours d'une discussion philosophique, son interlocuteur lui demande pourquoi l'homme a été créé? Vanini rappelle alors avec complaisance que, dans l'un de ses sermons, il a résolu la question en ce sens que l'homme est un anneau de la chaîne des êtres, un intermédiaire destiné à relier ceux d'en haut à ceux d'en bas. Mais je croyais, dit l'autre, que c'était pour commander aux autres animaux? (on sait que c'est la doctrine de l'Église). — « Quoi donc! répond le philosophe, est-ce qu'il commande au basilic? Il prend les bêtes, c'est vrai; mais les bêtes aussi le prennent; le crocodile, la pieuvre en font leur victime. — Permettez! cette rébellion des animaux n'a eu lieu qu'après le péché : dans le paradis, tous obéissaient à l'homme; ô félicité de l'âge d'or! — Ce n'est pas la peine de gémir. Depuis le péché, les brebis n'ont pas cessé d'obéir; d'ailleurs, avant le péché, le serpent prêch... — Je vous entends. — Tout ce que je voulais dire, continue Vanini avec une ironie qu'il ne cherche pas à contenir, c'est qu'heureuse a été la faute d'Adam qui nous a valu d'avoir un tel Rédempteur!... Nous ne commandons pas seulement aux animaux. Comment donc! les anges même nous servent de pédagogues. Mais laissons ces choses aux doctes vieillards de la Sorbonne, &, pour nous, revenons à nos exercices philosophiques[2]. »

On voit quel était au fond l'esprit qui lui dictait ses ser-

1. Rosset, *Histoires tragiques*, édition citée. — 2. *De arcan.*, pp. 234, 235.

mons, esprit rationaliste & avant tout antidogmatique... esprit de tous points damnable, allaient criant partout ceux qu'il appelle ses détracteurs [1]. L'autorité ecclésiastique, à laquelle on le dénonça, finit par s'émouvoir. Elle aposta des docteurs pour contrôler les opinions de cet étrange théologien. Vanini, qui sans doute ne se savait pas suspect, continua cependant de prendre avec les dogmes ses libertés habituelles. Mais, une fois, qu'il avait prêché à l'église Saint-Paul sur le commencement de l'Évangile de Saint-Jean, il énonça, paraît-il, des propositions si énormes, qu'on crut ne pas devoir le ménager plus longtemps. Quelques jours après on lui interdisait la chaire [2].

Il fut très sensible à cette disgrâce. Un contemporain, qui n'est pas des moins malveillants, prétend « que toutes ces circonstances fâchèrent M. l'abbé de Rhedon, & que désormais il ne fist plus si grand conte de Vanini qu'il faisoit auparavant [3] ». Comme il n'ajoute pas que l'abbé s'empressa de chasser le philosophe de sa maison, cette mauvaise humeur paraît fort peu probable. On ne croira pas volontiers qu'il ait pu ne voir dans Vanini qu' « un homme sçavant », & qu'il l'eût recueilli près de lui, comblé de faveurs si particulières, uniquement pour l'amour de la science. Par ce qu'on sait de l'intempérance de langue de Vanini, il est évident qu'une telle méprise n'aurait pas plus tôt commencé qu'elle aurait pris fin. — Arthur d'Épinay Saint-Luc était un cadet de grande famille, que Henri IV avait fait abbé des Bénédictins de Redon, uniquement pour l'enrichir. Il n'avait rien d'un moine, pas même l'habit. Laissant à un prieur le soin de gouverner son monastère, il se contentait de jouir à Paris des prérogatives & surtout des revenus considérables attachés à sa dignité. C'était ce qu'on appelait un abbé commendataire. Il cessa peu après d'être abbé de Redon pour devenir évêque de Marseille [4], c'est-à dire en réalité qu'il échangea un bon bénéfice contre un meilleur, car il ne fut pas plus évêque qu'il n'avait été abbé. Suivant toute apparence, cet étrange prélat trouvait à

1. *De arcan.* — 2. Rosset, *Hist. trag.*, édit. citée. — 3. Rosset, *Hist. trag.*, édit. citée. — 4. Rosset, *Hist. trag.*, édit. citée.

satisfaire, avec son pensionnaire, ce goût d'impiété, disons mieux, cet appétit de critique qui se rencontre chez les grands seigneurs de ce temps-là avec la désuétude de la foi. Ni lui ni les *athéistes* de son espèce ne visaient évidemment à détruire la métaphysique de l'Église. Leur *libertinage* était absolument personnel; ils auraient pu dire avec Horace : « Credat Judæus Apella, Ego non. » Mais, comme leur incrédulité était plutôt instinctive que délibérée, ils étaient bien aises d'apprendre des docteurs de profession qu'elle était fondée en raison. Or, Vanini était passé maître en ce genre de démonstration. C'est même son talent d'indiquer, d'exprimer & de justifier, en pareille matière, les répugnances du sens commun qui constitue toute sa philosophie. C'était assurément à cause de ce talent qu'Arthur d'Épinay faisait de lui « si grand conte ». Aussi ne saurait-on admettre qu'il lui ait su mauvais gré de l'avoir exercé jusque dans la chaire; s'il fit mine d'être fâché que Vanini eût compromis son patronage, ce ne fut sans doute que par grimace. Il lui conserva si bien son amitié, que c'est grâce à lui que notre philosophe, mis en goût de prosélytisme, trouva moyen de s'adresser encore au public & d'imprimer ce qu'il ne pouvait plus prêcher.

La publication des *Secrets de la nature* est une des mystifications les plus spirituelles qu'on ait imaginées contre la censure; elle était bien aussi des plus téméraires. Les troubles du temps n'avaient pas suspendu à Paris l'action de la justice. Gardiens ombrageux de l'orthodoxie, le Parlement & la Sorbonne n'avaient rien relâché de leur sévérité. Pour qu'il s'aventurât à les exciter contre lui dans la situation difficile & précaire où il se trouvait encore, — car, malgré ses relations avec le chancelier Bruslart, il n'avait pas cessé d'être sous le coup d'une condamnation capitale, — il faut que le philosophe y ait été entraîné. C'est, du reste, ce que le libraire Adrien Périer s'efforce de persuader au lecteur. Avec une emphase quelque peu napolitaine, le malin éditeur se donne, lui, pour un autre Prométhée qui aurait dérobé cet autre feu du ciel, le manuscrit des *Secrets*. Vanini, dont il fait un second Aristote, n'aurait été averti du larcin qu'au cours de l'impression, quand force était bien qu'il y donnât les mains, puisqu'on s'était passé de son consentement. Au surplus, le second Aristote serait resté étranger à la publication de son œuvre, &, si elle est divisée en livres & en chapitres, c'est que deux très honnêtes gens, & des plus doctes, auraient pris la peine d'y travailler [1].

Il y avait des raisons pour qu'aux yeux du public cet avis du libraire ne pût point passer pour un subterfuge. Évidemment, l'auteur s'était mis en règle avec l'autorité. Et qui donc aurait suspecté son ouvrage? Il paraissait avec privilège du Roi. L'oncle d'Arthur d'Épinay, Bassompierre, « le grand soleil de la Cour », Bassompierre lui-même, le serviteur de la Reine & l'ami en général de tous les ministres, en avait accepté la dédicace. Bien plus, la Sorbonne en faisait le plus grand cas; Pierre-Edmond Corradin, gardien des Minimes, & Claude Le Petit, docteur régent, déclaraient au verso du titre qu'ils l'avaient lu avec soin jusqu'au bout. Ces dialogues philosophiques, disaient-ils, ne leur avaient point paru contraires à la foi catholique, à l'Église romaine ni aux bonnes mœurs, loin de là, &, ajoutaient ces dignes vieillards, ils sont vraiment si ingénieux qu'ils ont tous les droits possibles à être imprimés : *subtilissimos & dignissimos qui typis demandentur.*

A peine les *Secrets de la nature* furent-ils mis en vente qu'ils eurent un débit de vogue. L'achevé d'imprimer est daté du 1er septembre 1616; moins d'un mois après, ils étaient dans toutes les mains [2].

Pauvre frère Corradin! malheureux Claude Le Petit! à quelles imaginations bizarres, à quelles ironies impies leurs noms servent de passeport, encore aujourd'hui! Ils ont souscrit à ce moyen infaillible d'engendrer des catholiques : placer dans les alcôves des images de piété; à certain moment, elles rappelleront l'idée du mariage mystique de Jésus-Christ avec l'Église, & cette idée, transmise d'organe en organe, ira créer un nouveau chrétien [3]! Ils ont agréé, toujours à même fin, cette autre méthode : accomplir le devoir conjugal avec langueur, uniquement pour satisfaire au précepte de saint

1. *De arcan.*, avis de l'imprimeur. — 2. Archives de la Haute-Garonne, G. Archevêché, carton de Vanini : Déclaration faite à la Sorbonne le 1er octobre 1616 par les censeurs. — 3. *De arcan.*, pp. 354, 355.

Paul : il y a grande chance que l'enfant sera imbécile, excellent chrétien, par conséquent; n'est-il pas écrit : Heureux les pauvres d'esprit, car le royaume du ciel est à eux[1] ?

Mais une simple analyse ne saurait rendre la malice & le libre-penser des *Dialogues* que ces doctes vieillards de Sorbonne sont censés approuver; il faut entendre Jules-César lui-même & son compère Alexandre. Déjà, dans leurs précédentes causeries, ils sont tombés d'accord que, n'était la religion, rien ne pourrait les obliger à croire à la fin de la mer & du ciel[2]. Même, s'il était chrétien, Jules-César conclurait à l'éternité du monde, plutôt que d'admettre avec quelques pieux rêveurs que la formation des montagnes est un effet du déluge[3]. Mais ces opinions, d'ordre philosophique, n'étaient pas pour faire impression sur le commun des esprits; aussi les deux amis préfèrent-ils s'entretenir des choses religieuses que tout le monde comprend & qui intéressent tout le monde. La difficulté est d'en parler, — d'en mal parler, — sans offenser l'Eglise. Mais l'Eglise peut-elle leur en vouloir d'avoir rencontré dans leurs voyages un malheureux athée d'Amsterdam qui leur a dit des énormités? Ils les répètent, ces énormités, sans contredit, mais ils ont bien soin de marquer d'où elles viennent; & puis, c'est pour confondre cet affreux Hollandais. Et, de fait, on ne peut pas dire qu'ils l'épargnent. Ils s'escriment à l'envi contre ce monstre. Quelle chaleur! quelle science des dogmes! quelle dialectique! quelle passion pour la religion! ils sont enragés. Oh! les dignes apologistes s'ils ne plaidaient pas toujours à côté de la question!

L'athée d'Amsterdam vient d'exposer son procédé pour faire des chrétiens qui aillent en paradis. Alexandre joue sur le mot d'imbécile, qui veut dire faible en latin. — « Faibles les âmes des chrétiens, lui répondais-je; dites donc vaillantes entre toutes, & je lui citais les martyrs & les glorieux combats qu'ils ont livrés partout. Mais cet impie ne voyait dans tout cela que véhémence d'imagination, amour de la gloire ou hypocondrie. Et il ajoutait : Toute religion, fût-ce la plus

1. *De arcan.*, p. 356. — 2. *De arcan.*, pp. 27, 102. — 3. *De arcan.*, pp. 134, 135.

absurde, celle des Turcs, des Hindous & des hérétiques du temps présent, comptera toujours un nombre presque infini de bonnes bêtes qui s'exposeront pour la défendre à tous les tourments, uniquement parce qu'elle est la religion de leur pays[1]. Je ne pus me tenir à ce discours. Enflammé du zèle de Dieu, je le traitai d'Antéchrist. — JULES-CÉSAR. Que fit-il alors? — ALEXANDRE. Il sourit. — Pourquoi riez-vous? m'écriai-je. — Parce que, me répondit-il, ce qu'on va contant de l'Antéchrist est tout simplement fabuleux. Saint Paul l'annonçait il y a déjà seize cents ans, on l'attend encore! — Permettez! Antéchrist est le nom que la sacro-sainte Eglise romaine donne à un Ébion, à un Chérinte, à tous les hérétiques qui tentent à leur exemple de dépouiller le Christ de sa divinité! — Il se tut un moment, puis il s'écria : O admirable sagesse du Christ! — Croyant l'avoir converti, j'étais déjà tout joyeux; mais il continuait, se parlant à lui-même : Adresse, finesse merveilleuses! Quelles marques il en a données lors de l'aventure de la femme adultère, & encore lorsque les scribes lui demandèrent de payer le tribut à César! Mais en ce qui concerne l'Antéchrist, il s'est surpassé. Car tout ce qu'il a prédit de la venue de l'Antéchrist ne tend à rien moins qu'à assurer l'éternité de la loi chrétienne. Et, en effet, plusieurs pouvaient être tentés de se donner pour le Messie, tant les prophètes de l'ancienne loi en avaient prédit de merveilles. Mais le Christ, le plus avisé des prophètes, a fait de l'Antéchrist un portrait si odieux, si horrible, que personne ne veut endosser la honte & l'infamie d'un pareil personnage. Or, l'Antéchrist faisant défaut, la loi du Christ ne peut que durer[2].

Au tour de Jules-César à présent de faire parler l'athée d'Amsterdam.

ALEXANDRE. Que répondrez-vous à Porphyre, à Plotin & à Jamblique, qui assuraient que tout homme est gardé par un bon & par un mauvais génie?

JULES-CÉSAR... Que le bien & le mal nous arrivent pêle-mêle tous les jours, & qu'on ne saurait comprendre, si l'homme est gardé par un bon génie, qu'il soit sujet à tant d'infortunes.

1. *De arcan.*, pp. 356, 357. — 2. *De arcan.*, pp. 357, 359.

ALEXANDRE. Oh! mais c'est que, suivant eux, le mauvais génie serait le plus fort!

JULES-CÉSAR. J'ai connu à Amsterdam un athée qui soutenait une erreur pareille. Voici les blasphèmes que vomissait ce malheureux insensé, comme s'il y était poussé par un je ne sais quoi de fatal & de funeste. (Dans le texte, tout ce qui suit est en italiques.)

« On peut inférer du texte même de la Bible que le démon est plus puissant que Dieu. En effet, c'est en dépit de Dieu que le démon a conduit à la mort Adam & Ève & tout le genre humain. Quand le Fils de Dieu, touché de ce malheur, voulut y porter remède, c'est encore le démon qui sollicita l'esprit des juges à le condamner à une mort ignominieuse. Oui, répétait-il, oui, d'après la Bible, la volonté du Diable est plus forte que celle de Dieu. Voyez, Dieu veut que tous les hommes soient sauvés : il ne s'en sauve qu'un très-petit nombre. Au contraire, le Diable veut que tous les hommes soient damnés, & le nombre des damnés est infini. Au sein de ce vaste monde, il n'y a de chance de salut que pour ceux qui habitent ces petits recoins de la terre, l'Italie, l'Espagne, quelques provinces de France, d'Allemagne & de Pologne. Mais si vous distrayez de ceux-là les juifs, les hérétiques secrets, les athées, les blasphémateurs, les simoniaques, les adultères, les sodomistes, qui ne posséderont pas le royaume du ciel, vous trouverez à peine un élu pour des milliers de milliers de réprouvés. Au reste, du temps de l'ancienne loi, le monde entier était esclave du démon. Les Hébreux, dont le royaume n'était pas grand en tout comme l'île de Bretagne, étaient seuls à connaître Dieu. Encore est-il qu'ils délaissaient très-souvent son culte & que, quand ils y étaient fidèles, le démon les accablait de calamités[1]. »

On n'est plus très sensible aujourd'hui à ce genre d'observations. Habitués que nous sommes, en ce qui concerne la Bible, à un mode d'examen plus relevé, ces premières attaques à son autorité font sur notre esprit la même impression que feraient sur notre oreille les fredons démodés des chansons d'autrefois.

1. *De arcan.*, pp. 419-421.

Mais pour les lecteurs contemporains, fort novices en fait de critique, elles avaient — le succès du livre le prouve — quelque chose de saisissant. Je ne sais toutefois s'ils n'étaient pas encore plus touchés par les arguments qui s'en prenaient à leurs motifs actuels de croire, j'entends les ex-voto visibles & tangibles, exposés dans les sanctuaires catholiques, pour démontrer en quelque sorte la vertu de la religion. Alexandre fait observer que l'antiquité avait rendu à ses idoles de semblables témoignages. Des milliers de peintures votives, suspendues à l'entrée des temples, attestaient à tout venant la reconnaissance des païens qui croyaient devoir la vie au pouvoir secourable de leurs fausses divinités. Jules-César donne de ce fait une explication qui vise obliquement d'autres prêtres que ceux des idoles.

« Bon! l'on ne représentait pas dans ces peintures votives tous ceux qui avaient péri, quoiqu'ils eussent invoqué les dieux. Mais venons au fait. Quelqu'un se trouvait-il en danger? Aussitôt il avait recours aux dieux : c'étaient des vœux, des prières! Si, par un pur effet du hasard, les choses s'arrangeaient selon son vœu, il se croyait tenu par cela même de rendre grâces aux dieux de sa bonne fortune; autrement, le pontife lui en faisait une obligation. S'il survivait seulement, sans que d'ailleurs le succès répondît à son vœu, les prêtres avaient soin de répéter que c'était par sa faute, qu'il était trop chargé de crimes, & que pour cette raison les dieux n'avaient pas exaucé sa prière. Pourtant, si c'était un homme pieux qui eût éprouvé ce mécompte, ils alléguaient la miséricorde des dieux qui châtiaient dès cette vie les mortels qui leur sont chers. Il va sans dire que si ceux qui avaient fait des vœux avaient péri, personne n'était plus là pour reprocher aux dieux leur indifférence ou leur dureté. C'était avec ces vaines superstitions que les prêtres trompaient le peuple. — Pourtant, dit Alexandre, qui tient encore pour le pouvoir des divinités païennes, Pyrrhus, roi d'Épire, qui avait pillé à Locres le trésor de Proserpine, en fut puni par un naufrage. — Denys, répond Jules-César, avait aussi pillé le trésor de la même Proserpine de Locres : les vents ne lui en furent pas moins favorables, & lui, disait à ses compagnons, en se moquant des dieux : Voyez donc, comme nous naviguons heureusement, nous autres sacrilèges, par la grâce des dieux immortels[1] !

On vient de voir poindre encore indécise dans ce passage l'opinion que les théologiens flétrissent à leur manière du nom de machiavélisme. Machiavel n'est pourtant pas le premier qui ait dit que les religions sont avant tout un moyen de gouvernement. Quinze cents ans avant lui, Cicéron développait cette idée dans ses épîtres, & plus d'un sans doute l'avait exprimée avant Cicéron. Jules-César la reprend à son compte, & il l'expose, à la barbe des parlementaires & des bonnets carrés de la Faculté, avec une liberté, une audace qui fait frémir. Les quelques lignes qu'il lui consacre sont comme un extrait concentré des *Secrets de la nature.* Il nous suffira de les rapporter pour n'avoir plus à en citer d'autres. Après les avoir lues, on aura une juste idée de ce qu'on a appelé à tort la philosophie de Vanini.

« ALEXANDRE. Les anciens philosophes ont estimé qu'on peut rendre à Dieu un culte pieux & sincère dans toutes les religions indifféremment.

JULES-CÉSAR. Dites : dans la seule loi naturelle que la Nature, qui est Dieu, puisqu'elle est le principe de mouvement, a gravé elle-même dans l'âme de toutes les nations. Quant aux autres religions, c'étaient, aux yeux de ces philosophes, des œuvres d'illusion & de mensonge, œuvres où les démons ne sont pour rien, car, disaient-ils, les démons sont de pures fables; — œuvres, à vrai dire, imaginées par les princes pour rendre leurs sujets plus dociles, par les prêtres pour attraper adroitement de l'or & des honneurs; — œuvres enfin confirmées non par des miracles, mais par des récits de miracles, & par une Écriture dont l'original ne se trouve nulle part; par une Écriture, dis-je, qui promettra bien de récompenser les bons & de punir les méchants; mais quand cela? — Dans la Vie future seulement, pour qu'on ne puisse découvrir la fraude. En effet, comme ils disent, qui est-ce qui en revient? Voilà comme on maintient le petit peuple des campagnes dans la servitude, avec la crainte d'une prétendue divinité suprême

1. *De arcan.*, pp. 411, 412; *Amphit.*, p. 79.

qui censément voit tout, & qui a pour tout des peines & des récompenses éternelles. C'est ce qui faisait dire au poète Lucrèce :

> La crainte dans le monde a fait les premiers dieux [1]. »

On pense bien que ceux-là mêmes qui achetaient les *Secrets de la nature*, à cause précisément de ces attaques si peu déguisées à l'Église catholique, ne laissaient pas de s'étonner, voire de s'égayer de l'approbation des censeurs. L'irréligion avait-elle fait des recrues jusque dans la Faculté de théologie ? Vanini aurait-il réussi à convertir le Père Gardien des Minimes & son digne compagnon ? Quant à la Sorbonne, elle était en émoi, moins surprise encore que fâchée de se trouver complice, par le fait de ses commissaires, d'un livre si détestable & si dangereux. Le Père Corradin & maître Le Petit furent mis en demeure d'expliquer leur étrange complaisance pour les blasphèmes du plus osé des libertins. Ces bonnes gens furent bien surpris. Leur conscience de censeurs ne leur reprochait rien. Quelle mauvaise querelle leur faisait-on là ? Mais, après qu'on leur eut mis le livre sous les yeux, quand ils en eurent lu certains passages qu'on leur souligna, ils tombèrent dans une confusion dont ils ne sortirent que pour protester qu'ils avaient été trompés. On ne se contenta pas de cette protestation, on exigea qu'ils fissent en Sorbonne un aveu public de la duperie dont ils se disaient victimes. Ils acquiescèrent avec empressement à ce moyen qu'on leur offrait de laver leur honneur & de mettre hors de tout soupçon l'intolérance de leur Compagnie.

Le 1er octobre 1616 (je rappelle que l'impression des *Secrets de la nature* avait été achevée le 1er septembre), ils se rendirent au collège de Sorbonne, à l'assemblée ordinaire de la Faculté de théologie. Dès que la messe du Saint-Esprit eut été célébrée, suivant l'usage, & avant toute autre affaire, ils déposèrent sur le bureau une déclaration écrite, qui fut lue à haute voix, & où le mystère de la prétendue approbation se trou-

1. *De arcan.*, p. 366.

vait expliqué en beau latin. Voici, à leur dire, ce qui s'était passé[1] :

Un Napolitain, du nom de Vanini, était venu leur soumettre le manuscrit de certains dialogues philosophiques. Eux, comme c'était leur devoir, avaient lu ce manuscrit avec soin, &, comme ils n'y avaient découvert rien de répréhensible, ils l'avaient visé, puis rendu à l'auteur, avec la condition d'usage : qu'il le remettrait ainsi visé entre leurs mains dès que l'impression serait terminée. Ce Vanini s'y était formellement engagé ; mais il n'avait pas tenu sa parole & n'en avait eu nulle envie, car il s'était mis à remanier les *Dialogues* dans un très mauvais esprit. Pour comble de disgrâce, le libraire auquel il les porta ensuite ne fit pas son devoir. Un bon libraire n'aurait pas manqué de se refuser à les faire imprimer ; malheureusement, celui-là était un homme sans religion, qui ne voulut pas s'apercevoir que les passages interpolés étaient contraires à la foi commune. De là le scandale dont, pour leur malheur, ils n'avaient été avertis que quand le livre était déjà très répandu.

Ce récit, au fond, devait être sincère. Pourtant, quand on relit les termes mêmes de l'approbation, on est porté à se demander si les deux docteurs avaient bien tout dit. Le 22 mai, au moment où ils donnaient le permis d'imprimer, ils étaient évidemment très prévenus en faveur de Vanini. Leur bienveillance à son endroit se traduit par des superlatifs qui ne sentent pas leurs censeurs. Avant même de célébrer le livre de la façon qu'on a vue, ils commencent par louer l'auteur, qu'ils donnent au public pour un philosophe très éminent. S'ils n'avaient fait que l'entrevoir, ainsi que leur déclaration voudrait le faire entendre, l'auraient-ils favorisé d'une recommandation que les seuls mérites des *Secrets de la nature*, même à l'état orthodoxe, leur auraient difficilement suggérée? On croirait plutôt qu'ils avaient vu Vanini assez souvent pour se laisser enjôler par ce beau diseur. Mais il est plus probable encore qu'ils avaient subi bourgeoisement l'ascendant des

1. Archives de la Haute-Garonne, G. Archevêché, carton de Vanini : Déclaration des censeurs.

hommes de Cour qui patronnaient le philosophe, & qu'ils avaient voulu se rendre agréables en parlant comme les grands seigneurs de ce favori des grands seigneurs. Il fallait bien d'ailleurs qu'ils sentissent qu'ils avaient affaire à forte partie; à la manière dont leur déclaration est rédigée, on devine qu'ils s'étaient étudiés à ne blesser personne. Quelque irrités qu'ils pussent être, aucune vivacité de langage ne trahit leur ressentiment. En ce temps-là, dans une pareille cause, chez des hommes de leur état & si fâcheusement compromis, tant de mesure n'est pas naturelle.

Au reste, ils n'en furent pas quittes pour expliquer comment ils avaient été trompés. Ils durent encore désavouer & condamner expressément les passages interpolés que leurs signatures semblaient autoriser. Il paraît toutefois qu'on les laissa libres de donner à ce désaveu le tour le moins pénible pour leur amour-propre. Ils sont censés l'avoir fait de leur propre mouvement. Ils le terminent en suppliant la Faculté de leur en donner acte & d'en ordonner l'inscription sur ses registres. Mais là encore un mot leur échappe qui révèle leurs appréhensions : ils ont besoin de cela, disent-ils, pour empêcher *plus facilement* qu'un si mauvais livre soit répandu davantage avec leur approbation.

Ainsi, pour les deux censeurs, si intéressés à la suppression d'office des *Secrets de la nature*, cette suppression n'allait pas de soi. Ils se voyaient obligés pour l'obtenir à faire des démarches en haut lieu, & ils n'étaient pas bien sûrs que des hommes puissants, celui par exemple à qui le livre était dédié, Bassompierre, ne viendraient pas se jeter à la traverse. Dans la pensée qu'ils auraient à plaider leur cause, ils mettaient dans leur dossier, pour s'en servir comme d'un argument suprême, un extrait des registres de la Faculté. Mais c'était déjà une précaution inutile. Depuis le 22 mai, de grands changements avaient eu lieu à la Cour & dans l'État. La roue de fortune avait tourné. Les protecteurs du philosophe étaient renversés, ses ennemis triomphants, &, bien loin de pouvoir sauver son ouvrage, il était lui-même plus en péril que jamais.

Le 2 septembre 1616, le lendemain même du jour où les

Secrets de la nature étaient sortis de la presse, le prince de Condé avait été arrêté. C'était, à ce qu'on pouvait croire, le dénouement de la lutte engagée, depuis la majorité de Louis XIII, entre l'ex-Régente qui voulait retenir le pouvoir, & le parti des grands qui se donnaient pour les champions du gouvernement personnel du Roi. Secrètement dirigée par l'évêque de Luçon, Marie de Médicis venait par ce coup hardi de s'assurer la victoire. Elle avait ôté aux mécontents leur chef naturel & restait maîtresse incontestée des Conseils. Tous ceux qui, dans le ministère, avaient paru désapprouver son ambition ou hésiter à la servir, avaient été, les uns écartés, les autres sacrifiés, entre ceux-ci le chancelier Bruslart, qui, pour avoir cherché à ménager les deux partis, avait perdu les sceaux dès la fin du mois de mai. Le maréchal d'Ancre, qui, durant le fort des troubles, avait été contraint de se tenir loin de la Cour, se disposait à y revenir. Quoique la populace eût pillé son hôtel, le jour même de l'arrestation du prince de Condé, rien ne pouvait plus l'empêcher de rentrer dans Paris. Tout annonçait qu'il allait reprendre auprès de la reine-mère son rôle de favori, & par conséquent, dans l'État, la direction suprême des affaires.

C'était, par malencontre, au renouveau de cette toute-puissance que les *Secrets de la nature* avaient paru. Entre tous les événements que Vanini pouvait craindre, celui-là était, à coup sûr, le plus inattendu & le plus redoutable; car le grand seigneur, dont il avait excité le ressentiment en poignardant Silvius, était précisément un de ces Florentins qu'on avait crus partis sans retour, sinon Concini lui-même, au moins une créature de Concini. C'était parce que la ruine de ces étrangers paraissait imminente au mois de juillet 1615 qu'il avait osé rentrer en France; c'était parce que, la croyant consommée, il avait compté sur l'impunité, qu'il avait lui-même réveillé dans son livre le souvenir de son homicide & qu'il s'y était donné la joie, que d'autres devaient partager, de charger d'un vice énorme le protecteur, l'amant, à son dire, de celui qu'il avait mortellement frappé. Avec le bruit qui se faisait alors autour de son nom, s'il restait à Paris, il était perdu. Ses amis de la jeune Cour, qui avaient fondé sur la chute de Concini l'espérance de leur fortune, étaient eux-mêmes trop inquiets, avaient trop de ménagements à garder pour s'embarrasser de le sauver. Il y avait, en effet, grande apparence qu'il serait recherché, arrêté, traduit en justice. Et ce n'était plus seulement de la mort de Silvius qu'il aurait à répondre : la Sorbonne se ferait son accusatrice dès qu'elle le saurait en prison, de sorte que si, par fortune, il n'était pas pendu comme meurtrier, il courait risque d'être brûlé comme hérétique. Le malheureux philosophe, toujours préoccupé des menaces funestes de son horoscope, se voyait au moment de succomber sous les coups de la fatalité. C'était en vain qu'il avait lutté pour surmonter l'influence de sa mauvaise étoile; de nouveau, il lui fallait fuir, une seconde fois laisser avec ses espérances de fortune le doux pays de la Cour. Il résolut d'aller se cacher loin, bien loin au fond de la province. On verra tout à l'heure où il se réfugia.

V.

Vanini, au sortir de Paris, ne se sauva pas tout de suite en Guyenne pour s'y jeter dans on ne sait quel couvent, comme l'avait cru Guy-Patin[1]. La congrégation qui lui donna asile était de cent lieues au moins plus rapprochée. Le P. Mersenne la qualifie de très sainte[2], sans la désigner autrement. Elle l'était sans doute, puisqu'il le dit, mais il faudrait avouer qu'elle ne se recrutait pas très saintement, si, connaissant Vanini pour ce que le P. Mersenne le donne, un parasite & un débauché, elle se l'était néanmoins affilié. Mieux vaut croire qu'elle ne savait rien de sa vie & qu'elle l'avait pris seulement parce qu'il lui avait été recommandé ou imposé.

1. *Patiniana*, cité par D. Durand dans sa *Vie de Vanini*, p. 39. L'édition de 1701, la seule que j'aie pu voir, ne parle ni de couvent ni de Guyenne.

2. Le P. Mersenne, *Quæstiones in Genesim*, cap. 1, p. 156. Le passage que je cite se trouve dans l'exemplaire de la bibliothèque de Toulouse; il manque dans presque tous les autres. Chauffepié le rapporte dans son article sur Vanini.

Par qui? Par aucun autre sans doute que celui dont il avait été l'hôte, le commensal & le favori.

Arthur d'Épinay Saint-Luc, on ne l'a pas oublié, était abbé commendataire de Redon. Pour sauver son protégé, il ne pouvait lui offrir un plus sûr asile que son abbaye. Elle était située, comme on sait, sur la côte bretonne, presque à l'embouchure de la Vilaine. Si le P. Mersenne ne l'a pas nommée, c'est que certaines bienséances lui faisaient en quelque sorte un devoir de la discrétion. Au moment où il écrivait, en 1621 ou 1622, dans le monde des théologiens & des philosophes où il passait sa vie, le bûcher du 9 février 1619 était présent à toutes les mémoires. Prononcer le nom de Redon c'eût été rappeler trop ouvertement que l'athée de la place du Salin avait été le familier d'un haut dignitaire de l'Église.

Rien n'eût été plus odieux que ce souvenir à M. de Saint-Luc, devenu évêque de Marseille. Cela est si vrai que le jeune prélat détruisit ou fit détruire autant qu'il le put un livre de lecture courante où ses relations avec ce malheureux Italien sont racontées tout au long. Je veux parler de l'édition des *Histoires tragiques* de Rosset, imprimées à Paris en août 1619. Celles qui suivirent, & elles se succédèrent presque d'année en année, ne font pas mention de l'*histoire* de Vanini, si *tragique* pourtant[1].

Du reste, c'est comme polémiste & non comme historien que l'auteur des *Questions sur la Genèse* a parlé de ce couvent. Pour le succès des attaques fanatiques, ce n'est pas assez dire passionnées, qu'il dirigeait contre les *libertins*, il croyait bon d'établir que ces beaux esprits, comme les appelle ironiquement Garasse, étaient nécessairement perdus de mœurs.

Tout en diffamant Vanini d'après ce principe, il prévoit une objection : les vices que vous lui imputez ne l'ont pas empêché d'être admis dans une congrégation respectable. Oui, réplique-t-il aussitôt; mais cette congrégation n'a pu le supporter : elle l'a vomi, ce César des athées, ce chercheur de

1. Voir ci-dessus sur cette édition la note de la page 60.

repues franches (*læcator*), cet archidébauché, καταπυγωνέστερος[1]. Le célèbre Minime eût été bien heureux s'il eût pu pressentir l'effet de ce mot grec emprunté d'Aristophane. Les ennemis de Vanini lui ont prêté un sens qu'il a quelquefois, mais auquel évidemment le P. Mersenne n'avait pas songé. Dans une maison de moines, καταπυγωνέστερος ne peut être entendu de deux façons; ce comparatif est là forcément péjoratif. Pour que le doute sur ce point ne fût même pas possible, l'honnête ministre David Durand, citant Mersenne, change *læcator*[2] en *mœchator*, en sorte qu'il lui fait dire : « qui ne mœchator existimaretur, καταπυγωνέστερος esse maluit. » — Peut-être, après tout, ne voulait-il que rendre plus latine cette élégance de rhétorique[3].

Il est certain que Vanini ne resta pas longtemps dans ce monastère.

S'il arriva à Redon dans les premiers jours de 1617, il dut en repartir quelques mois après. On conçoit que le P. Mersenne, en bon confrère du P. Edmond Corradin, se soit plu à dire qu'il en avait été chassé; mais il y a des raisons de croire qu'il en sortit très volontairement. Outre que la vie monastique devait être mortellement pesante à un homme de ce caractère & d'un si vif esprit, les nouvelles de ce qui venait de se passer à Paris étaient bien propres à le décider à sortir de sa retraite. L'assassinat du maréchal d'Ancre, le 24 avril, & le changement qui s'ensuivit dans la direction des affaires avaient ruiné le crédit de ses ennemis personnels. Il n'était plus si nécessaire qu'il se cachât. Mais une fois rentré dans le monde, que ferait-il de sa liberté? C'est à quoi il dut penser tout d'abord. Passerait-il de nouveau à l'étranger? Retourner en Angleterre d'où il avait été banni, où il avait failli périr sur le gibet, il n'y avait pas à y songer. Aller en Espagne? Il ne se souciait pas de vivre dans le voisinage de l'Inquisition. Le seul parti qu'il eût à prendre, c'était de rester en France; mais, en ce cas, tout lui conseillait d'user de certaines précau-

1. Le P. Mersenne, *Quæstiones in Genesim*, à l'endroit cité. — 2. C'est le mot *licheur* de la langue populaire. — 3. David Durand, *La Vie & les sentiments de Lucilio Vanini*, p. 49.

tions. Le scandale des *Secrets de la nature* l'avait terriblement compromis ; il n'eût pas fait bon pour lui de ne pas se garder de la Justice : elle ne le cherchait peut-être pas, mais, si elle le trouvait sous sa main, elle ne se ferait pas faute de l'appréhender. Ces considérations furent cause qu'il résolut de se déguiser & de changer absolument son personnage. Il renoncerait à l'état ecclésiastique; aussi bien ne pouvait-il plus espérer d'être jamais inscrit sur la feuille des bénéfices; il prendrait une profession conforme à ses connaissances & à ses goûts; il se ferait médecin, médecin empirique, pour garder l'habit de cavalier & ne pas avoir à s'affubler d'un costume ridicule. La prudence voulait qu'en même temps il changeât de nom. Ne pouvant plus être sans péril il signor Cesare, il serait, par une antonymie naturelle, il signor Pompeïo. Pompeïo tout court? non pas, mais Pompeïo Usiglio, un nom de son pays[1]. Mais ces questions d'état résolues, où aller? Il n'y avait pas trop à choisir : en Guyenne, en Languedoc ou en Provence, à Bordeaux, à Toulouse ou à Marseille? Le séjour de Bordeaux ne serait peut-être pas sûr. Le duc d'Epernon y régnait, ami de la reine-mère & de feu Concini : il ne fallait pas s'exposer à être reconnu de son entourage. Pas d'objection contre Toulouse. On pourrait s'y rendre par la route de Bayonne, &, pour mieux donner le change, feindre qu'on arrivait d'Espagne, en intention d'aller à Paris.

L'exécution de ce plan était facile. Il suffisait de s'embarquer à Redon même sur quelque bâtiment de commerce, de descendre la Vilaine jusqu'à la mer, & de pousser, en longeant les côtes, jusqu'à Cap-Breton. Vanini connaissait ce port, où il avait abordé une fois déjà à son retour d'Angleterre. Les lenteurs inévitables du cabotage ne seraient pas pour lui sans compensation : elles donneraient à ses cheveux le temps de repousser & d'effacer la trace de sa tonsure monacale ou sacerdotale.

1. C'est le nom que lui donne l'arrêt du 9 février 1619.

Les journaux du 13 juillet 1877 annonçaient que *M. Usiglio*, compositeur de musique, auteur de *le Educande di Sorrento*, avait été nommé chef d'orchestre du théâtre des Italiens à Paris. Usiglio est devenu Lucilio, plus facile à prononcer pour des Français.

Il ne paraît pas que rien l'ait empêché de suivre cet itinéraire puisque, dans le courant de l'été 1617, il était certainement sur la route de Bayonne à Toulouse. Là, pour quelque raison, qui se trouvait peut-être au fond de sa bourse, il quitta la direction du Languedoc, &, remontant vers le nord-est, il s'achemina vers Condom. Il allait s'y essayer, non pas à faire le médecin, — les *Secrets de la nature* contiennent déjà de ses ordonnances, — mais à vivre de la médecine. Un cavalier de sa figure & d'un esprit si en dehors ne pouvait passer inaperçu dans une petite ville. Quoiqu'il y eût dans son fait quelque peu de l'aventurier, il ne laissa pas de s'attirer, presque tout de suite, une certaine considération. Un des principaux bourgeois voulut même l'avoir à sa table. Ce bourgeois n'était pas, comme on pourrait le croire, le premier venu : il compte parmi les historiens de France[1]. C'était Scipion Dupleix, ancienne créature de la reine Marguerite, & qui fut plus tard l'apologiste pensionné de Richelieu. Il avait convié en même temps, comme pour prendre la mesure de l'empirique, deux doctes médecins; il les nomme, les sieurs de La Tournerie & Guillot : « de bons catholiques », dit-il; mais ce n'était pas à ce titre qu'il les avait invités, car de son aveu, pendant les deux mois ou environ que le seigneur Pompée resta à Condom, « on n'eut pas advis qu'il eust tenu aucun discours d'impiété à personne ». Aussi ne le mit-on pas sur le chapitre de la religion; on l'attaqua sur la philosophie & sur la médecine. Ses interlocuteurs trouvèrent « qu'il n'y avoit pas fait grand progrès, & mesmes qu'il estoit bien empesché de parler congruement latin ». Dupleix, faisant réflexion au discours plein d'élégance & de doctrine qu'il prononça depuis devant ses juges, soupçonne qu'il « faisoit l'idiot » chez lui, « par quelque malicieux artifice ». Mais, s'il y eut chose au monde que Vanini n'ait jamais aimé à dissimuler, ce fut son savoir. En cette circonstance, on peut être sûr qu'il fut inconsciemment mauvais latiniste.

Quelque temps après ce banquet philosophique, il lui arriva

1. Scipion Dupleix, *Histoire de Louis le Juste*. Paris, Michel Sonnius, 1635, sous l'année 1617.

une aventure qui aide à interpréter le καταπυγωνέστερος du P. Mersenne, car elle prouve que s'il n'était pas toujours maître de ses sens, il n'insultait pas du moins à la nature. Il s'attaqua à « une pauvre fille » qui refusa de l'écouter; il la pressa plus fort, elle cria, & par bonheur fut entendue. Les témoins qui survinrent lui conseillèrent de porter plainte, mais, avant que la justice fût saisie, le seigneur Pompée avait quitté Condom & regagné le chemin de Toulouse. Après trois ou quatre jours de marche, il arrivait à deux lieues de pays de cette capitale, dans une petite ville que Rosset ne nomme pas, mais qui pourrait bien être L'Isle-Jourdain. Il n'avait plus en poche que « douze escus »[1].

Le voici à présent tout porté sur le bord du gouffre. Tout à l'heure, le courant va le ravir. Arrêtons-nous avant la catastrophe, & voyons ce qu'était alors la métropole du Languedoc.

C'était encore une ville murée & plus que jamais étroitement gardée. Elle était redevenue ce qu'elle avait été durant la Ligue : le boulevard des catholiques contre les protestants qui s'agitaient en armes aux environs. Sans qu'il y eût précisément d'appareil militaire, les portes étaient surveillées, de peur de surprise. Des greffiers, ou si l'ont veut, des commis tenaient compte du mouvement des entrées & des sorties[2]. Les marchands & les gens de métiers qui peuplaient les rues étroites & sales de la vieille cité étaient restés ce qu'avaient été leurs pères au temps d'Anne de Joyeuse & d'Urbain de Saint-Gelais. Tout pénétrés du vieux levain de la Ligue, ils devaient fournir, quatre ans plus tard, plusieurs régiments de milices à l'armée royale campée devant Montauban. Leur zèle ne risquait pas de s'éteindre; sans parler de douze congrégations de filles, treize ordres religieux plus ou moins réformés travaillaient à l'entretenir : Bénédictins, Jacobins, Cordeliers, Carmes, Augustins grands & petits, Pères de la Merci, Trinitaires, Frères du Salin, Récollets, Capucins, Jésuites se partageaient les quartiers & les familles. Chaque couvent avait sa clientèle.

1. Rosset, *Hist. tragiq.*, édition citée. — 2. Archives de l'Hôtel-de-Ville de Toulouse : comptes du trésorier de 1618-1619, fol. XI, verso.

Les moines étaient les maîtres de la ville à plus juste titre que les Capitouls & le Parlement ; il n'y avait dans Toulouse d'autres monuments que leurs églises. Loin d'envier leur empire, le clergé séculier ne paraissait songer qu'à l'accroître. Ainsi les chanoines de Saint-Sernin venaient d'engager le P. Coton, banni de Paris & qui n'avait pu avoir permission d'aller à Rome, pour prêcher dans leur basilique l'Avent de l'année 1618[1]. Le chapitre de la cathédrale se promettait de traiter à son tour avec l'ex-confesseur de Louis XIII, mais il avait alors d'autres soins[2].

Il se trouvait que le diocèse n'avait qu'un chef nominal. Depuis deux ans qu'on l'avait fait archevêque, à vingt-trois ans, Louis de Nogaret, deuxième fils du duc d'Épernon, s'était abstenu de parti-pris de venir à Toulouse. Il ne refusait pas de jouir des immenses revenus de son temporel, mais il ne voulait être qu'homme de guerre & se gardait soigneusement de se faire sacrer ; aussi dut-on en faire un prince de l'Église. C'est le fameux cardinal de La Valette, qui ne se démit de son siège qu'en 1628, sans l'avoir occupé jamais. Les chanoines les plus intègres, las de ses atermoiements, avaient proposé qu'on le mît en demeure d'assumer & d'exercer son ministère spirituel[3] ; mais on ne les écoutait guère. Le vicaire général, qui jouissait de toute l'autorité épiscopale, n'était pas naturellement fort enclin à redescendre au second rang. Les Jésuites, qui le dirigeaient, l'aidaient à traîner l'affaire en longueur. Heureusement pour lui & pour eux, la plupart des chanoines étaient comme lui à leur dévotion. C'est dans sa maison du cloître Saint-Étienne — il s'était sans doute installé à l'archevêché — que le P. Coton demeura pendant son séjour à Toulouse[4].

Ce vicaire général, qui était docteur en théologie, se nommait Jean de Rudèle. Suivant les décrets du concile de Trente, dont personne, dans le clergé du temps, ne contestait l'auto-

1. *Recherches historiques et critiques de la Compagnie de Jésus en France du temps du P. Coton* (1564-1626), par le R. P. Prat, S. J., 4 vol. in-8°. Lyon, Briday, 1876. — 2. Archives de la Haute-Garonne, G. Chapitre Saint-Etienne de Toulouse : reg. des délibérations de 1618-1619, fol. 12 verso. — 3. *Ibidem.*, fol. 41 recto. — 4. *Ibidem.*, fol. 21 verso.

rité, la police religieuse eût dû lui appartenir : on verra plus tard qu'il ne l'exerçait pourtant qu'en sous-ordre ; car, si depuis le fatal concordat de Léon X & de François Ier, l'Église de France avait cessé d'être gallicane & de fait & de volonté, elle était censée l'être : le pouvoir civil, pour se ressaisir des droits essentiels que ce malheureux chancelier Du Prat avait délaissés, lui prêtait d'autorité toutes les libertés dont lui-même avait besoin. De là vient que les Cours supérieures, qui avaient mission de représenter le roi, s'étaient arrogé certaines attributions de la juridiction des évêques. Le Parlement de Toulouse n'était pas moins jaloux que les autres de maintenir les droits du souverain, en tant que corps toutefois, car individuellement la plupart de ses membres étaient comme pleins de l'esprit de Rome & se portaient avec une incroyable intolérance à la défense de l'orthodoxie. L'inquisiteur *ad honores*, qui demeurait près du Palais[1], n'avait pas lieu de regretter que l'édit de Nantes eût annulé son tribunal. Les arrêts de la Cour ne le cédaient pas en atrocité aux sentences de l'Inquisition. Les registres de 1615 rapportent le cas d'un paysan qui avait arraché des mains d'un prêtre une hostie consacrée. On lui avait dit en Espagne que, s'il la portait sur lui, il ne perdrait jamais au jeu. Ses juges le punirent de cet excès de foi sacrilège en le condamnant à être brûlé à petit feu. Aussi le Parlement de Toulouse passait-il pour le plus catholique de France[2] ; on ne peut disconvenir qu'il ait été de tous le plus inhumain. Il pratiquait scrupuleusement cette maxime de l'un des siens : « qu'il ne faut pas affecter le titre de magistrat pitoyable, qui est un des vices à fuir autant, voire plus, que la cruauté ; car la cruauté, bien qu'elle soit à blasmer, tient les sujets en l'obéyssance des loix..... c'est pourquoi la loi de Dieu défend expressément d'avoir pitié du pauvre en jugement »[3].

1. Dans une rue qu'on appelle encore rue de l'Inquisition.

2. *Mercure françois*, tome III, p. 128. Lors des Etats de 1614, la Chambre du Clergé demande de nouveau la publication du concile de Trente... « Le Caton français en voulait à tout le monde, à la Cour de Toulouse en particulier, pour ce qu'elle est trop catholique. »

3. La Roche Flavin, *Les treize Parlemens de France*, édition de Genève, p. 1106.

D'après cet esprit de rigueur, on serait tenté de prêter aux conseillers du temps je ne sais quelle froideur sombre & taciturne. Il est sans doute probable que plus d'un parmi les anciens se ressentait de cette habitude d'être & de vouloir être impitoyable, mais en général, la Cour n'inclinait pas trop du côté de la gravité. Par l'effet de l'hérédité & de la vénalité des offices, elle se trouvait en grande partie composée d'hommes encore jeunes, presque tous riches, très vains de leurs privilèges, très enivrés de leurs pouvoirs, & peu disposés à sacrifier leurs passions & leurs goûts aux bienséances de leur état. Ils le firent bien voir au président de La Roche Flavin, l'auteur de la maxime que je citais tout à l'heure, qui dans son livre des *Treize Parlemens de France* avait prétendu les rappeler à la simplicité des anciennes mœurs. Ils venaient justement de le suspendre de son office pour un an, & le 13 juin 1617 [1], debout, tête nue devant les Chambres assemblées, ce vieillard austère, cet érudit de haut labeur & d'esprit original, avait dû subir les remontrances du premier président, & voir de ses yeux le greffier civil lacérer le monument de sa vie. La Cour avait trouvé que, telle qu'elle était, elle avait assez d'autorité morale & de prestige, & que c'était vouloir l'avilir que de lui proposer l'exemple des magistrats d'autrefois. La mode n'était plus à la vie d'épargne & de ménage, aux vêtements simples, à la mule traditionnelle qui portait son conseiller au Palais dès six heures, aux longues veilles consumées dans l'étude des procès, l'analyse des écritures, ou les douces récréations des compilations érudites. Tout cela avait pu convenir à ces vieux jurisconsultes, qui subsistaient de leur métier : les nouveaux magistrats étaient moins rigoureux envers eux-mêmes. Ils voulaient jouir & s'amuser sans qu'on y trouvât à redire, avoir de beaux hôtels, des meubles somptueux, des habits riches & parfumés, des carrosses, des coches, des chevaux de prix. Ils ne s'interdisaient ni la chasse, ni le bal, ni le jeu dans les brelans [2], « ni les banquets en troupes, à un ou deux escus

1. Collections & remarques du Palais, par Etienne de Malenfant, greffier civil de la cour du Parlement de Toulouse. Manuscrit aux archives de la Haute-Garonne. — 2. La Roche Flavin, édition citée, p. 672.

par tête, en des logis escartés chez de frians cuisiniers[3] ». Quant au Palais, qui était pour le bonhomme La Roche Flavin un lieu & comme un temple saint & sacré, ils riaient, jasaient, plaisantaient, bouffonnaient même au conseil ou à l'audience, sans croire oublier « la gravité & la modestie requises à un sénateur ». Bref, ils prétendaient vivre comme la noblesse d'épée, dont ils avaient toutes les prérogatives.

En réalité, rien ne les distinguait des gentilshommes, fort nombreux alors à Toulouse, qui, en prévision d'une prise d'armes contre les protestants du diocèse de Pamiers, étaient accourus des contrées voisines, principalement de la Guyenne, pour se mettre aux ordres du gouverneur du pays de Foix. Les mémoires du temps parlent souvent de ce gouverneur; il faisait, en effet, grande figure dans le monde & particulièrement à la Cour. Il ne devait pas seulement le rang qu'il y avait pris à sa naissance & à ses alliances, quoiqu'il fût petit-fils du célèbre Blaise de Monluc & mari de l'unique héritière d'Odet de Foix, comte de Caraman ou de Cramail, comme on disait à Paris. Il avait les dehors brillants, l'humeur libérale & facile d'un Termes & d'un Bassompierre; aussi allait-il de pair avec ces héros des galanteries du Louvre, quoiqu'il fût de beaucoup leur aîné. Dans leur langage imité des romans à la mode, les dames de Marie de Médicis, qui se connaissaient en périls, les avaient surnommés *les trois Dangereux*[2]. Adrien de Monluc était pourtant plus & mieux qu'un cavalier trop aimable. Il avait de l'instruction, de l'esprit, un certain penchant à scruter les secrets de la nature & même ceux de l'astrologie; mais il avait surtout un goût très vif pour les lettres. Il se plaisait à écrire des vers; mieux encore, il recherchait les vrais poètes & savait s'en faire aimer; à Paris, Régnier lui adressait sa seconde satire[3].

1. La Roche Flavin, édition citée, p. 565. — 2. *Mémoires* de Bassompierre, édition d'Amsterdam, tome I, p. 168, sous année 1608.

3. *A M. le comte de Garamain.*

Comte, de qui l'esprit pénètre l'univers,
Soigneux de ma fortune, & facile à mes vers,

Goudelin, à Toulouse, lui dédiait le *Ramelet moundi.* Le jeune Baro, qui devait terminer l'*Astrée*, un des futurs Quarante de la future Académie française, était attaché à sa maison.

La présence habituelle d'un seigneur aussi illustre avait fait dans le monde du Parlement l'effet d'un rayon de soleil. Elle y avait tout animé & tout réjoui. On était fier de posséder, heureux d'approcher ce modèle des courtisans. Son hôtel du carrefour de la rue Joutx-Aigues [1], avec son train de laquais, de pages, de gentilshommes était comme un petit Louvre, où tout ce qui rêvait de la Cour venait en apprendre le ton & les manières. Tout cela faisait que le comte de Cramail, bien qu'il n'eût pas d'autorité en Languedoc, y était l'objet de mille déférences. Le premier président Le Masuyer, tout-puissant qu'il fût, ne venait qu'après lui, au moins dans l'estime du monde. Il est vrai que ce haut personnage était médiocrement goûté & qu'on avait au Palais trop de raisons de ne pas l'aimer. C'était un maître des requêtes de l'Hôtel, fils d'un conseiller au Parlement de Paris, qui avait été intendant de justice à Poitiers en 1614. Raide & insociable d'habitude, il était pourtant sujet à s'humaniser, car, suivant Bassompierre, il aurait pu un jour perdre le maréchal d'Ancre impliqué avec Maignat dans un procès de haute trahison, & il avait préféré lui devoir sa fortune [2]. Pour le récompenser de sa discrétion, la reine lui avait permis de traiter avec M. de Clary, premier président de Toulouse, qui lui avait cédé son office, mais à condition qu'il épouserait sa fille. Le mariage eut lieu en septembre 1615. Le Parlement, qui aurait souhaité de voir à sa tête M. de Cambolas, ou M. de Caminade, ou M. de Bertier de Monrabe, trois de ses membres, également célèbres par leur talent & leur éloquence, avait assez mal

Cher souci de la Muse, et sa gloire future,
Dont l'aimable génie et la douce nature
Font voir, inaccessible aux efforts médisans,
Que vertu n'est pas morte en tous les courtisans.

1. Archives de la Haute-Garonne, E. 48, papiers de Caraman.
2. *Mémoires* de Bassompierre, tome I, p. 316.

accueilli cet étranger, qui était plutôt un homme d'action qu'un magistrat. Les capitouls s'étaient chargés de témoigner publiquement son déplaisir au nouveau venu en omettant de lui faire les honneurs d'une entrée solennelle. Mais Le Masuyer ne s'était pas embarrassé de ce mauvais vouloir. Bientôt, l'attitude énergiquement agressive qu'il prit d'abord contre les protestants — « c'était, dit un historien du parti, le plus ardent persécuteur dont on ait jamais parlé[1] » — lui avait ramené presque tous les esprits dans une ville si redoutablement catholique, que, malgré l'édit de Nantes, aucun protestant ne se risqua jamais à s'y établir. On voit, en effet, dans les annales de l'hôtel de ville que, le 6 août 1618, les capitouls allèrent en pompe au-devant de lui comme il revenait de Paris, où il avait séjourné neuf mois, après avoir assisté en novembre 1617 à l'Assemblée des Notables.

Des biographes qui ne connaissaient rien de Le Masuyer, ni son caractère bourru, ni sa rigueur dogmatique, ni son récent mariage, ni sa longue absence de Toulouse, ont néanmoins prétendu qu'il avait fait accueil au seigneur Pompée, que même il l'avait chargé d'enseigner la philosophie à ses enfants. On pourrait croire qu'ils s'autorisent de Leibniz, car c'est Leibniz le premier qui a donné cours à cette anecdote piquante d'un premier président de Toulouse devenant le protecteur d'un athée[2] : il l'avait empruntée apparemment au journal de quelque voyageur allemand qui, comme Borrichius[3], avait passé par Toulouse, & comme Borrichius y avait recueilli ce qui se disait de Vanini. Le fait est cependant que l'illustre auteur de la *Théodicée* ne nomme personne. Mais pour préciser son récit, quelqu'un a eu l'idée de rechercher quel avait été le premier président de 1617. Véritablement, c'était Le Masuyer ; mais comme on vient de le voir, ce n'est pas lui que pouvaient viser les notes de voyage communiquées à Leibniz. Il faut donc admettre qu'elles se rapportent au pre-

1. *Histoire de l'édit de Nantes.* Delft, 1698, tome II, p. 317. — 2. Leibniz, édition de Genève, in-4°, 1768, tome I, p. 461. — 3. *Journal de Borrichius,* cité par Arpe, *Apologia pro J.-C. Vanino,* p. 38, in-8°. Cosmopoli (Rotterdam), 1712.

mier président qui vivait quand elles furent écrites; &, en effet, elle ne le désignent que par son titre.

Pour le Toulousain railleur, dont elles nous rendent les propos plus malveillants que spirituels, le chef suprême de la justice du ressort n'avait plus de nom própre; c'est ainsi que pour le soldat dans un régiment le colonel se nomme..... le colonel. Cette manière d'identifier l'homme avec sa fonction est fréquente dans le langage usuel, où elle ne peut prêter à des anachronismes. Par exemple, le même soldat, s'il raconte la jeunesse de son supérieur, dira sans y songer : le colonel disait à son capitaine. Le bourgeois de Toulouse qui entretenait le voyageur allemand cité par Leibniz paraît avoir commis une confusion toute semblable en parlant du premier président qui avait succédé à Le Masuyer.

Je dirai tout à l'heure ou plutôt je révélerai quel fut ce premier président, car lui & les siens paraissent n'avoir rien négligé pour abolir la mémoire de ses relations avec le signor Pompeïo. Peut-être a-t-il été pour quelque chose avec d'Épinay Saint-Luc dans la suppression des *Histoires tragiques* de Rosset, où les contemporains pouvaient le reconnaître. Ce n'est pas un reproche que je lui fais : il est naturel qu'il ait cherché à briser les armes dont on se servait pour l'attaquer.

De grandes qualités, une noblesse déjà antique, d'illustres alliances, une fortune non médiocre avaient ouvert de bonne heure à ce futur chef du Parlement le chemin des hauts emplois, mais lui avaient aussi suscité beaucoup d'envieux. Dans le principe, on ne pouvait guère le blâmer de s'être montré sensible au mérite du signor Pompée. Mais, dès que les poursuites du procureur général & l'arrêt de la Cour eurent fait de cet inconnu un athée fameux, ses ennemis ne perdirent pas une occasion si propice de lui nuire en semant des doutes sur sa religion. Pour l'associer en quelque sorte au supplice de Vanini, ils se plurent à faire remarquer que lui, juge, il avait admis dans sa famille ce blasphémateur, que d'autres juges, ses pairs, avaient à bon droit condamné à mort. Une relation du temps envoyée de Toulouse à d'Autreville, & reproduite par le continuateur de l'histoire de Mathieu, nous donne une idée de la joie maligne que ces propos, perfidement répandus, entretenaient dans certaines coteries de la société parlementaire. Dénigrant ce qu'elle appelle les complices de Vanini, elle donne à entendre que ce sont des personnes de condition, puis elle ajoute avec une discrétion ironique : « on les connaît à Toulouse par noms & par surnoms[1] ».

Il ne paraît pas qu'à Toulouse pourtant ces méchants propos aient laissé des traces écrites. Les annales de l'hôtel de ville n'y font pas allusion, mais elles passent d'ailleurs sous silence des faits si importants & qui avaient été si publics que leur réserve donne à penser. Les circonstances mêmes de leur rédaction les rendent suspectes d'omission volontaire, car c'est le chef du consistoire de 1618[2] qui a raconté l'affreuse tragédie du 9 février 1619, bien que, d'après l'usage, il eût dû se borner à écrire l'histoire de son année d'exercice. En faisant ce récit, il avait donc usurpé le droit de son successeur. Celui-ci se plaint de cet empiétement, non sans dépit & non sans dire « qu'il auroit pu rapporter plusieurs particularitez desquelz il est instruit[3] ». Mais c'était peut-être bien pour qu'il ne les rapportât pas, ces particularités, qu'on l'avait prévenu. — Quant aux annales du Palais, — on peut appeler ainsi le journal du greffier Malenfant, — ces annales si exactes d'ordinaire & si minutieuses, elles ne font pas même mention du procès de Vanini[4]. Il avait pourtant, six mois durant, donné à parler à toute la ville. Ici le doute n'est pas possible. Si Malenfant s'est tu, ç'a été certainement de parti pris, soit que, trop bien instruit de toutes les circonstances de cette cause délicate, il n'ait pas cru pouvoir les noter de manière à satisfaire également tous les membres de la Cour, soit plutôt qu'il ait voulu

1. D'Autrèville, *Inventaire général des affaires de France depuis la mort de Henry le Grand jusqu'au premier jour de l'an* 1620. — 2. C'était un avocat du nom de Nicolas de Saint-Pierre. — 3. *Annales manusc. de l'Hôtel-de-Ville de Toulouse*, tome VI, fol. 43. Le rédacteur des *Annales* de 1619 se nommait Marianne de Salluste. — 4. Il y a deux exemplaires des *Collections et remarques du Palais* du greffier Malenfant aux archives de la Haute-Garonne, un dans la section judiciaire, au palais de justice, un autre, au dépôt de la préfecture. Un troisième exemplaire se trouve dans la bibliothèque de M. de Rességuier. On n'en connaît pas d'autres.

complaire au président Jean de Bertier de Montrabe, si intéressé à son silence. C'est, en effet, M. de Bertier, simple président en 1617, mais futur successeur de Le Masuyer en 1630, qui est le sujet de l'anecdote de Leibniz, & c'est un de ses enfants que nous allons trouver dans la petite ville où, comme on l'a vu, le signor Pompeïo s'était arrêté.

Dans l'hôtellerie où Vanini était descendu, le hasard amena un jeune gentilhomme qui venait de quitter les études, & qui jouissait de ses vacances en compagnie d'un de ses amis[1]. Le signor Pompeïo se trouva à table avec eux, &, connaissant ce qu'ils étaient, il usa de toutes ses grâces pour s'en faire agréer. Il y réussit à souhait, car ils eurent tant de plaisir à sa conversation, qu'au lieu de le quitter après le dîner, ils le suivirent dans sa chambre. Là, les saillies de son esprit & les marques qu'il donna de son savoir, achevèrent de les enchanter. Il leur conta de son histoire ce qu'il voulut, comme il voulut. Quand ils surent qu'il arrivait d'Espagne & qu'il s'en allait exercer la médecine à Toulouse, l'idée leur vint de se l'attacher pour quelque temps, puisqu'il était libre, comme maître de mathématiques. L'adroit signor n'avait garde de refuser une condition si agréable, & le voilà parti avec les deux jeunes gens « pour une maison extrêmement délicieuse environnée de ruisseaux & de fontaines », qu'on reconnaît aisément pour le château de Pinsaguel, résidence séculaire de la famille de Bertier[2]. Bien accueilli & bientôt très apprécié du président, de jour en jour plus aimé de ses élèves, il était sans cesse avec eux, qu'il s'agît d'études ou de plaisirs, chassant en leur compagnie, pêchant ou lisant sur l'herbe, les suivant dans leur visites aux *noblesses* voisines[3], — c'est ainsi que le P. Garasse désigne en son idiome angoumoisin les gentilhommières des environs, — amusant tout le monde de sa gaieté napolitaine & faisant partout des amis au charmant signor Pompeïo.

Ceux qui ont voulu voir dans Vanini un apôtre de l'athéisme ont prétendu que, dès ce temps-là, il aurait insensiblement écarté le masque dont il avait dû couvrir son *libertinage*, &

1. Rosset, *Hist. trag.*, édition citée. — 2. *Ibidem.* — 3. Le P. Garasse, *Doctrine curieuse*, pp. 1024, 1025.

que, se croyant maître de manier à son gré l'esprit de ses élèves, il aurait essayé, en biaisant d'abord, puis peu à peu directement, de les faire rire aux dépens de leur catéchisme. Ses tentatives n'auraient pas eu le succès qu'il en espérait : on lui aurait fait mauvais visage. Alors sa position serait devenue si difficile, que pour se tirer d'embarras il aurait demandé la permission de se rendre à Toulouse. L'ayant obtenue sur l'heure, car on souhaitait son départ, il serait allé faire visite à certain régent de l'Université, &, sur la recommandation de ce docteur, un jeune conseiller du Parlement l'aurait reçu dans sa maison[1].

Les faits ainsi présentés paraissent bien invraisembles. On n'a pas idée d'un président du Parlement de Toulouse, qui, découvrant un blasphémateur sous son propre toit, se borne à le congédier ; — qui, non content de lui faire grâce, lui permet d'aller à Toulouse ; — qui, bien plus, ne donne pas l'alarme quand il le voit établi, sous les feints dehors qui l'ont trompé lui-même, chez un membre de sa compagnie. Et d'ailleurs, comment Vanini, qui ne pouvait se réclamer de personne, serait-il entré dans Toulouse, puisque, pour empêcher les protestants de s'y glisser par surprise, les portes étaient surveillées ?

Il est sûr que le signor Pompeïo ne resta pas longtemps à Pinsaguel ; mais on en devine la raison : c'est que les vacances étaient finies. Il n'est pas moins sûr qu'il donna carrière dès ce temps-là à sa pétulance philosophique ; mais si quelqu'un s'offusqua de ses propos impies, ce ne fut certainement pas son élève. Il faisait partie à Toulouse d'une société « de jeunes folastres[2] », qui se modelaient tant qu'ils pouvaient sur les esprits forts de la Cour. Pompéio les amusait, comme il avait amusé Arthur d'Épinay, & il le savait bien. Mais il ne sut pas s'apercevoir que les amis que ces jeunes gens avaient à la campagne, quoique de même âge & de même condition, ne leur ressemblaient en rien. La foi de ceux-ci était demeurée

1. *Histoire véritable de l'exécrable docteur Vanini*. Bibliothèque de l'Arsenal, H, 19363. — 2. D'Auteville, *Invent. général des affaires de France*.

entière, & l'état d'hostilité où se trouvaient de nouveau catholiques & protestants la rendait étrangement farouche. Vanini faillit l'apprendre alors au prix de sa vie. Il était allé passer quelques jours avec le fils du président au château de Francon, situé dans les terres, à quinze lieues de Toulouse & dans le diocèse de Commenge. Le maître de la maison, qui était un gentilhomme de vieille souche, un Terssac-Monbéraut [1], dit-on, lui avait fait le meilleur accueil & s'était mis tout de suite avec lui sur le pied d'une certaine familiarité. Pompeïo en conclut qu'il était d'humeur à tout entendre, &, un jour qu'ils se trouvaient seuls ensemble à causer, comme il fut question de Jésus-Christ, il soutint que c'était un homme comme un autre, né d'une femme comme une autre... bref, il répéta, ou accentua, avec ses malices habituelles, tout ce qu'il avait dit à ce propos dans ses *Dialogues*. Or, pendant qu'il parlait ainsi en plaisantant, Francon l'écoutait en frémissant d'horreur. Les traits lancés contre la divinité du Christ sonnaient à ses oreilles comme autant de blasphèmes. Il ne disait rien, mais une violente colère l'agitait intérieurement; enfin, la pensée lui vint de tuer sur-le-champ cet exécrable sacrilège : il mit deux fois la main sur son poignard; il l'aurait plongé dans le cœur de Pompeïo, mais il eut peur d'être inquiété après le meurtre, personne n'étant là pour témoigner avec lui de ce qu'il avait entendu [2]. Certes, mieux eût valu qu'il l'eût frappé alors! mais il se contenta sans doute de le dénoncer à ceux qui l'avaient amené, & l'on a vu si ceux-là pouvaient s'étonner d'un pareil avis ou se résoudre à en tenir compte.

La disgrâce que Vanini aurait encourue dès lors est donc une pure fable, imaginée à dessein, par complaisance pour certains grands. Après M. de Redon, il fallait blanchir M. de Bertier, comme si l'approche d'un malheureux qui niait tous les dogmes les avait souillés l'un & l'autre. Tout le monde admettra que, s'il eût perdu dès ce temps-là la faveur de ses hôtes, Vanini n'existerait pas historiquement : sa destinée était

1. Du Bousquet, *Mémoire pour servir à la continuation des annales de Toulouse de Lafaille*, 1610-1622. Manuscrit aux archives de l'Hôtel de Ville de Toulouse. — 2. Le P. Garasse, *Doctrine curieuse*, pp. 144-146.

changée *ipso facto*. Il tournait le dos à Toulouse, ou, s'il y entrait, chose difficile, c'était seul, sans ressources & sans répondants, en aventurier qui a conscience de la méfiance qu'il inspire. Il serait donc demeuré sur ses gardes. Il n'eût pénétré qu'avec précaution & comme en pays ennemi dans le monde des privilégiés, où, grâce à l'engouement fortuit d'un écolier, il venait d'entrer en météore. Tout lui en était nouveau, quoique tout pût lui en paraître connu. Il allait y être le jouet de mille fausses apparences, y retrouver à peu près tout ce qu'il avait vu à la Cour, mêmes semblants de mœurs & d'usages; chez les jeunes gens en particulier, même intempérance de passions, mêmes velléités d'irréligion, mêmes audaces dans le discours. Seulement, tandis que les esprits forts de Paris étaient des seigneurs de la plus haute naissance qui abritaient sous leur grandeur les penseurs indépendants, leurs familiers, ceux de Toulouse étaient de lignée parlementaire. La justice, paternellement, laissait dire « ces jeunes folastres », gentilshommes de robe, magistrats par destination, que la robe tôt ou tard devait assagir; mais, pour les autres qui s'émancipaient avec eux, elle ne se trouvait pas d'entrailles. Vanini ne sentit jamais cette différence : il ne fit pas réflexion qu'il n'était pas de la famille. Au contact de ses compagnons de plaisir, il laissa s'amorcer sa veine d'incrédulité, &, quoique, pour donner le change, il s'affublât de temps à autre du manteau du théologien, il ne se souvint pas assez qu'il se trouvait dans la ville de Cadurque & de Boissonné.

Disgrâce à part, rien n'empêche d'admettre que, sur la recommandation d'un régent de l'Université, le signor Pompeïo soit allé demeurer, comme on l'a dit, chez un jeune conseiller, de ceux-là peut-être dont La Roche Flavin a peint le relâchement; mais, en tout cas, il n'y fit pas long séjour. Comme on l'avait mis à la mode, le bruit de sa science & de son esprit arriva aux oreilles du comte de Caraman, à qui il pouvait plaire par tant de côtés. Ce seigneur voulut le voir, &, l'ayant vu, le retint à son service pour être le précepteur de l'un de ses neveux[1]. Peut-être lui donna-t-il encore un autre

1. *Histoire véritable du docteur Vanini, nommé Luciolo, bruslé tout vif*

emploi, au moins aussi approprié à ses aptitudes & certainement plus conforme à ses goûts. Au bas d'un mémoire des dépenses de sa maison, signé de l'abbé Goudelin, frère ou cousin du poète, on voit que ce « comte de qui l'esprit pénétrait l'univers [1] » avait, en mars 1618, un astrologue qui le suivait à cheval dans ses déplacements [2]. Qui sait si cet astrologue n'était pas Vanini, si versé dans l'étude des maisons du ciel & qu'on a vu si tourmenté des menaces de son horoscope? Qu'on rejette si l'on veut cette conjecture, il n'en reste pas moins qu'Adrien de Monluc & le signor Pompeïo, son serviteur, croyaient également à l'influence des astres. Et cette foi commune put bien contribuer, plus que toute autre cause, à établir entre eux l'espèce de familiarité qu'un contemporain a remarquée.

Cette bonne fortune d'un étranger, recueilli sur un grand chemin par le jeune M. de Bertier, ne tarda guère à étonner ceux-là mêmes qui y avaient le plus aidé. On commença à se demander qui était cet homme. La malignité & l'envie cherchèrent & n'eurent pas de peine à trouver quel était son côté faible; car « les jeunes gentilshommes assez desbauchez dont il s'estoit accosté [3] » ne passaient pas en ville pour des modèles d'orthodoxie. A la vérité, lui-même ne parlait que pertinemment de la religion; il semblait même qu'il prît plaisir à aller dans les couvents discuter des points de doctrine avec les régents de théologie; mais... le démon prend toutes les figures. Suivant le jésuite Bisselius, les deux inquisitions, celle des Dominicains & celle du Parlement, reçurent des avis secrets que le signor Pompeïo était un athéiste, & instituèrent aussitôt contre lui une enquête non moins secrète [4]. On sur-

le quaresme dernier à Tholose, p. 7 (Bibliothèque de l'Arsenal, H, 19363). Voir aussi Zeiler, traducteur allemand des *Hist. trag.* de Rosset, pp. 956-958 (Bibliothèque de Berlin, Xx, 3616).

1. Régnier, satire II, *A M. le comte de Garamain.* — 2. Archives de la Haute-Garonne, E. 48, papiers de Caraman. — 3. P. Mathieu, *Histoire générale des derniers troubles arrivez en France sous les règnes de Henri III, Henri IV & Louis XIII*, continuée par Claude Malingre. In-4°, Paris, 1622, pp. 621-522. — 4. *Johannis Bisselii e Societate Jesu Rerum ætatis nostræ eminentium septennii III.* Ambergæ, Joh. Koch, 1729, au tome V de *Medulla histo- rica*, pp. 306 & suiv. Biblioth. Nation.

veilla ses démarches, on épia ses propos, on interrogea sans paraître ceux qui s'étaient réunis avec lui, durant les soirées de l'hiver, dans une maison du quartier des études [1], on tint bonne note surtout de ce que lui-même avait raconté de son passé.

Ce malheureux Vanini, quelque discrétion qu'il se fût imposée d'ailleurs, n'avait pas su se refuser le plaisir de rehausser son importance aux yeux de ses jeunes amis en leur confiant qu'il avait vu la Cour... au delà des Pyrénées. Sans changer rien au fond à l'histoire de ses dernières années, il leur en avait présenté tous les événements comme s'ils avaient eu lieu en Espagne, où pourtant on peut affirmer qu'il n'alla jamais. Mais il s'était entretenu assez longtemps au Louvre avec « le célèbre docteur » don Pedro de Villaquiran [2] pour donner à son récit une certaine couleur locale.

Avec une intention évidente de se faire honneur de son audace & de ses infortunes, il avait donc conté à cette jeunesse, dont il était l'oracle, qu'il avait été en Espagne. L'Université de Salamanque l'avait d'abord attiré; mais il n'y était pas resté à cause de l'Inquisition, qu'il avait bravée. Pour lui échapper, il s'était réfugié à l'Université d'Ossuna, à l'autre extrémité de la péninsule. De là, il s'était rendu à la cour du roi Philippe III; mais une nouvelle poursuite du Saint-Office l'avait contraint de s'enfuir une seconde fois; alors, il avait passé les monts, & voilà comment il était venu à Toulouse [3]. — C'est exactement, sous d'autres noms & avec d'autres circonstances, son premier séjour à Paris, son brusque départ pour Venise lors du meurtre de Silvius, son retour à la Cour, & sa seconde fuite après la publication des *Dialogues* & la rentrée triomphante de Concini.

Ces fausses confidences, dont une relation de 1619 même s'est fait naïvement l'écho, étaient plus que suffisantes pour causer sa perte. La justice y puisait la certitude qu'elle n'était pas sur une fausse voie, que l'homme qu'elle voulait poursuivre, déjà traqué deux fois par le Saint-Office, devait être un

1. *Journal de Borrichius*, cité par Arpe, *Apologia pro J. C. Vanino*, p. 38. — 2. *De arcanis*, p. 72. — 3. *Histoire de l'exécrable docteur Vanini* à la bibliothèque de l'Arsenal; suivie par Zeiler, à l'endroit cité.

grand coupable. Sur une dernière révélation, elle crut deviner ce qu'il faisait à Toulouse. Dans un accès de forfanterie bouffonne, évidemment pour s'amuser à stupéfier ses trop crédules auditeurs, le signor Pompeïo leur avait conté qu'en ce temps-là il y avait à Naples douze athées, autant que d'apôtres; qu'il était un de ces douze; que tous ensemble avaient conspiré de convertir le monde à leur doctrine; qu'ils avaient tiré au sort les diverses contrées qu'il s'agissait d'athéiser, & que c'était à lui, Pompeïo, que la France était échue en partage. Les gens du roi furent assez simples pour prendre au sérieux cette rodomontade. Ils ne doutèrent plus qu'ils eussent affaire à un missionnaire d'irréligion, & ils se résolurent à le faire prendre.

L'information ayant été secrète, il semble que l'arrestation de Pompeïo ne pouvait pas souffrir de difficultés. Mais il ne faut pas oublier qu'il était, comme on disait alors, domestique de M. de Caraman; or, cette seule qualité était pour lui comme une sauvegarde. Se saisir tout à coup de sa personne, c'eût été, selon les idées du temps, manquer de respect au comte, ou, pour mieux dire, l'offenser mortellement. Le zèle du Parlement pour la foi catholique, si brûlant qu'il fût, n'allait pas jusqu'à violer à ce point les bienséances. Il n'hésita donc pas à faire fléchir les prérogatives de la justice devant l'autorité toute morale, toute personnelle de cet homme de cour. Deux conseillers lui furent députés. Ils lui communiquèrent les soupçons que l'on avait touchant le précepteur de son neveu, les charges accumulées sur cet homme par l'information secrète, & le prièrent comme conclusion de permettre qu'il fût arrêté[1].

Il eût été bien difficile à M. de Caraman de refuser son aveu, car il sentait de reste que l'on pourrait s'en passer. Mais il était bon, &, s'il accorda ce qu'on venait lui demander avec une si parfaite déférence, ce fut sans doute avec l'arrière-pensée d'avertir Pompeïo de pourvoir à sa sûreté. Ce qui le fait supposer, c'est que, plus d'un mois après la visite des commissaires de la Cour[1] à l'hôtel de la rue Joutx-Aygues, le pau-

1. *Histoire de l'exécrable docteur Vanini*, dejà citée, p. 8.

vre philosophe était encore libre, si c'est être libre que de rester caché. Les capitouls, qui avaient eu mandat de l'arrêter, en leur qualité de chefs de la police, le recherchaient activement, sûrs qu'il n'avait pas pu s'échapper de la ville, dont les issues étaient gardées. Enfin, ils découvrirent, ou plutôt on leur dénonça son asile. C'était la maison de « feu Noalhes », située rue des Giponiers, — rue Peyrolières aujourd'hui, — derrière le monastère de la Daurade, vis-à-vis de l'hôtel d'Espagne, & tout près d'une petite rue (la rue des Moulins, à présent rue du Tabac) qui conduit à la Garonne. En lui choisissant cette retraite, les amis de Pompeïo avaient-ils espéré que le fleuve pourrait devenir pour lui la voie du salut? Ce qu'on peut dire, c'est que les sieurs d'Olivier & de Virazel ne leur laissèrent pas le temps de le faire évader. Le jeudi 2 août 1618, ils s'emparaient de Pompeïo & l'enfermaient aussitôt dans les cachots de l'hôtel de ville. Trois jours après, le prisonnier était transféré à la conciergerie du Palais, en vertu d'un ordre du Parlement. Il venait d'y être écroué, lorsque le premier président Le Masuyer rentra à Toulouse, d'où il était absent depuis huit mois[2].

Un conseiller fut nommé commissaire pour instruire le procès du prévenu. M. Bertrandi ou M. Testory, les relations ne s'accordent pas sur le nom[3], eut lieu de s'apercevoir tout de suite que sa tâche serait très ardue. On avait bien cru avoir des raisons suffisantes pour arrêter Pompeïo; on n'en avait pas pour le condamner, au moins selon les formes de la justice. Point de preuves matérielles contre lui. Dans sa chambre, on n'avait trouvé qu'une bible non défendue & quelques cahiers de philosophie. Les capitouls n'y avaient remarqué de suspect qu'un gros crapaud immobile au fond d'un vase plein d'eau[4]. Ces esprits subtils avaient présumé qu'il était là pour quelque raison de magie. Mais Pompeïo avait expliqué, lors d'un premier interrogatoire, qu'en sa qualité de médecin, il

1. *Annales manuscrites de l'Hôtel-de-Ville de Toulouse*, t. VI, f° 13. — 2. *Ibid.*, f° 5. — 3. *Histoire véritable de l'exécrable docteur Vanini.* Rosset, *Hist. trag.* Zeiler. — 4. *Annales manuscrites de l'Hôtel-de-Ville de Toulouse*, t. VI, fol. 13, 14.

employait la chair du crapaud comme un remède spécifique de certaines maladies. Toutes les charges du procès se réduisaient donc aux on-dit de l'enquête secrète. Le prévenu aurait hasardé certaines hérésies, proféré certains blasphèmes, en présence de plusieurs personnes qui auraient pris plaisir à répéter ses discours. Mais ceux qu'on dénonçait ainsi, interrogés sans contrainte & comme à l'amiable, s'étaient défendus d'avoir rien dit. Il y a plus : mis en demeure de s'expliquer sous peine d'excommunication, ils s'étaient retranchés dans un silence obstiné.

Cette manière d'extorquer des témoignages était un emprunt des tribunaux civils à la juridiction ecclésiastique. A Paris, elle était tombée en désuétude, dès le milieu du XVIe siècle & peut-être plus tôt[1]; mais elle se maintenait à Toulouse, où l'on faisait un étrange abus des armes spirituelles. « Chose grandement déplorable! s'écrie un praticien du temps, pour une écuelle perdue, pour une dette de cent souls ou pour une injure légère, on envoye les âmes en perdition[2]! » C'était ce qu'on appelait la procédure par monitoire. Elle était de style au Parlement de Toulouse en matière de foi[3]. Si l'on découvre jamais les pièces du procès de Vanini, nul doute qu'on n'y retrouve les chefs de monitoire que tous les curés du diocèse durent lire au prône, trois dimanches de suite, « contre toute personne, de quelqu'état & condition qu'il soit, qui sçauroit de certaine science pour l'avoir veu, ouy dire, ou autrement, que certain personnage (il était défendu de produire des noms) auroit faict ou dit... » tout ce qui était consigné dans l'enquête, article par article.

Grâce à la clause finale « qu'ayent à le révéler sur peine d'excommunication », ceux qu'on avait déjà entendus secrètement purent aller renouveler leurs dépositions au greffe de l'Officialité; mais, encore une fois, il est certain que l'on n'obtint rien de plus.

Après un appel si pressant & si solennel, le manque de

1. *Histoire manuscrite du Parlement de Toulouse*, déjà citée.
2. Gabriel Cayron, *Style de la cour du Parlement de Toulouse*, édition de 1612 (très rare), p. 184; aux archives de la Haute-Garonne.
3. *Ibidem*, p. 185.

témoins directs était un argument bien fort en faveur de Pompeïo. Aurait-il été injustement accusé? Etait-il l'objet & la victime d'une vengeance atroce? Fallait-il croire, ce que quelques-uns murmuraient tout bas, qu'une affaire de galanterie & l'intrigue d'un président, son rival rebuté, avaient été l'occasion & la cause première de son malheur[1]? Ce bruit ne fût-il qu'une fable, le commissaire était bien forcé de s'avouer que les imputations de l'enquête étaient démenties par ce que tout le monde avait pu voir de la vie du prévenu. Personne ne pouvait prétendre qu'il eût manqué à ses devoirs religieux : sa conduite à cet égard était sans reproche, mieux que sans reproche, exemplaire. Il allait régulièrement à la messe; il se confessait souvent; il ne manquait pas un sermon. « Combien de fois, s'écrie Garasse, n'a-t-il pas été chez nos Pères pour leur soumettre des cas de conscience[2] ! » Et n'était-ce pas chose connue qu'il aimait à parler théologie? A l'abri de ces faits patents, dont ses plus ardents adversaires ne lui déniaient pas le bénéfice, Pompeïo n'avait pas de peine à se défendre. Il était paré de tous les côtés, hormis un seul, qu'il avait imprudemment découvert; mais il savait bien que le commissaire n'oserait jamais entreprendre de le forcer par cet endroit-là. On n'irait certes pas lui confronter ceux à qui il avait livré le secret de sa conscience. Quant à mettre en cause ces fils de famille eux-mêmes pour les contraindre à parler, le scandale serait si grand, le péril si manifeste, que le Parlement, auquel ils tenaient par tant de liens, s'opposerait toujours certainement à un tel moyen de procédure.

On comprend que, dans ces conditions, le commissaire se trouvât bien empêché : aussi n'avançait-il guère. En toute autre affaire, avec un commencement de preuve, il se fût tiré d'embarras par l'emploi de la question. Mais on ne le laissa pas libre de s'aider du ministère du bourreau. La plupart de « Messieurs » étaient d'opinion que les aveux du prévenu, s'il

1. *Histoire manuscrite du Parlement de Toulouse*, par le P. Lombard, S. J., sous l'année 1619. (Bibliothèque nationale, Manuscrits français, n° 8660.)

2. Le P. Garasse, *Doctrine curieuse*, p. 973.

en faisait, devaient être volontaires [1]. Cette mansuétude étonne en eux; mais c'est Bisselius qui l'atteste, non sans les blâmer de leurs scrupules, & l'on peut en croire ce jésuite, qui avait eu communication des papiers du président Barthélemy de Gramond [2]. Craignaient-ils donc les révélations que la torture aurait arrachées au patient? Voulaient-ils éviter que Pompeïo prononçât certains noms?

Il restait au commissaire une ressource, à défaut de celle-là : c'était d'affecter la douceur, suivant la louable coutume de l'Inquisition. Il usa de cet artifice; mais les bonnes paroles, les vagues promesses d'indulgence furent sans effet. Pompeïo était en garde contre les délicieux mirages du pardon. Il avait pris le parti d'être pieux autant qu'on peut l'être & d'édifier même les geôliers. Le concierge de la prison était obligé, par le devoir de sa charge, à faire entendre la messe aux détenus & à leur procurer les sacrements, au moins les jours de fête [3]. Mais Pompeïo n'avait pas attendu son intervention. Appelant sans cesse son confesseur, communiant toutes les semaines [4], comment pouvait-il reconnaître qu'il aurait mal parlé de la Vierge sans souillure, raillé les saints mystères, nié l'immortalité de l'âme, affirmé l'éternité du monde? On tenta néanmoins de l'en faire convenir, car il fallait donner satisfaction au peuple, passionnément attentif à ce procès & qui comptait sur une condamnation. On se dit que son athéisme & son hérésie s'étaient facilement retranchés dans les pratiques de la dévotion, mais qu'assiégés savamment, vivement & fréquemment assaillis, ils ne pouvaient manquer de sortir de leur fort. On alla en conséquence l'entreprendre de dispute dans sa prison. Présidents, conseillers, prêtres, moines, docteurs en théologie se succédèrent auprès de lui, s'évertuant à le prendre en défaut.

Quand le P. Coton arriva à Toulouse sur la fin du mois d'octobre, on espéra qu'un si saint personnage réussirait à le convaincre, & on le lui envoya. On fit même venir de Castres

1. Bisselius, *Septenn.*, etc.
2. Arpe, *Apologia pro J. C. Vanino.*
3. Gabriel Cayron, édition citée, p. 632.
4. Barthélemy de Gramond, *Historiarum Galliæ*, libri XVIII, p. 208-210.

des ministres protestants[1], sans doute parce que l'hérésie n'avait rien de caché pour eux. Quelles que pussent être au fond ses angoisses secrètes, Pompeïo reçut ces visites multipliées avec l'aisance d'un esprit libre jusqu'à la gaieté. Rompu dès longtemps à la controverse, il étonna ceux qui voulaient le surprendre, car il se jouait autour de leurs piéges, sans s'y laisser attraper. La seule chose qu'on gagna sur lui fut de lui faire avouer qu'il avait reçu les ordres sacrés[2]. Peut-être crut-il nécessaire de le déclarer, afin de justifier la profonde connaissance qu'il montrait avoir des matières de religion.

Cependant le temps passait; des mois s'étaient écoulés, & les preuves étaient insuffisantes, & il devenait de moins en moins évident qu'on eût eu raison de le poursuivre. Il fut question de l'élargir. On peut faire honneur de cette intention à l'équité naturelle des juges; on peut supposer aussi qu'ils ne furent pas insensibles à certaines sollicitations, car ce procès causait bien des alarmes dans plusieurs familles parlementaires où l'on avait des raisons d'en désirer la fin. Mais cette idée eut-elle des suites? Le prévenu fut-il effectivement relaxé? Barthélemy de Gramond, qui néglige les détails, se borne à dire, & bien vaguement, qu'il semblait qu'il dût l'être. Bisselius affirme qu'il le fut, & cela en vertu d'un arrêt de non-évidence (*de non liquere*) qu'il qualifie de solennel. Mais il ajoute par une espèce de contradiction « que déjà même Pompeïo sortait fréquemment de la prison » (*abituriebat*). Pourquoi donc n'en était-il pas sorti sans retour, une fois mis hors de procès? Il faut peut-être en chercher la raison dans un usage singulier du Parlement de Toulouse, qui fait penser à Ponce Pilate & à Barrabas.

Chaque année, à l'occasion des fêtes de Noël, de Pâques & de la Pentecôte[3], la Grand'Chambre s'occupait des prisonniers dans un esprit de miséricorde. Elle se faisait remettre les pièces de leur procès & les jugeait, toutes affaires cessantes, dans une audience *ad hoc*, sur les dires & conclusions som-

1. D'Autreville, *Inventaire général des aff. de France*, déjà cité.
2. Bisselius, *Septennii tres*, etc.
3. Gab. Cayron, *Style du Parlement de Toulouse*, édition citée, p. 574.

maires des rapporteurs & des gens du roi. Les greffiers avaient préparé un registre où se trouvaient par ordre les noms des détenus, les motifs de la prévention & le résumé de la procédure. Suivant qu'il y avait lieu d'user ou non d'indulgence, le Premier Président écrivait de sa main, en regard de chaque article, soit *redde*, soit *maneat*. — *Redde* était un ordre au geôlier de rendre, c'est-à-dire d'élargir le prisonnier commis à sa garde. — Après l'audience, des conseillers, précédés d'huissiers audienciers, allaient en corps à la Conciergerie & prenaient place dans une salle disposée en tribunal pour la circonstance, & jonchée d'herbes odoriférantes, pour que « Messieurs » ne fussent pas incommodés par l'air corrompu qu'on y respirait[1]. Alors on appelait les prisonniers à tour de rôle, on leur demandait s'ils avaient à se plaindre du concierge & des porte-clefs, puis, à ceux qui avaient paru graciables, on annonçait que la Cour les avait pris en pitié; on réconfortait les autres par quelques bonnes paroles d'espérance & de consolation. Cette œuvre de charité s'appelait la redde, car le mot *redde*, qui en résumait l'esprit, avait fini par se franciser à la longue.

On ne sait pas jusqu'à quel point les décisions de la redde obligeaient les gens du roi. Il est certain qu'ils y déféraient à l'ordinaire; qu'auraient-ils gagné à retenir les prévenus? Ils n'étaient pas maîtres de les traduire une seconde fois devant la Cour qui les avait acquittés. Mais, s'ils voulaient les retenir ou du moins mettre empêchement à leur délivrance, les raisons ne leur manquaient pas : la fête était survenue avant que l'instruction fût terminée & le procès en état; l'intérêt de la justice exigeait que le prisonnier restât encore sous leur main, ou que des restrictions fussent mises à sa liberté, &c.

Voilà très probablement les motifs que le procureur général avait fait valoir pour garder Pompeïo en prison après la redde de Noël 1618, car tout fait supposer que c'est à cette date qu'il aurait été absous. Mais ces motifs n'étaient pas les seuls & même n'auraient pas été les vrais. Ils n'auraient servi qu'à en pallier d'autres, tout personnels ceux-là, & où la passion avait part.

1. Lacombe, *Traité de l'audience du Parlement de Tolose*, manuscrit à la biblioth. de la Cour d'appel de Toulouse.

Depuis le commencement du procès, le premier des gens du roi, François de Saint-Félix d'Aussargues, éprouvait la joie sauvage du chat qui se joue de sa proie vivante. Il haïssait M. de Bertier-Montrabe d'une haine sans doute implacable, car elle durait encore en 1623[1] & mettait alors en péril le crédit & la fortune judiciaire du futur Premier Président. Qu'on juge si elle trouvait à se satisfaire à l'heure présente! Le jeune M. de Bertier était le plus compromis entre « ces jeunes gentilshommes cognus à Toulouse par noms & par surnoms[2] » que la voix publique accusait d'avoir été les complices volontaires, les fauteurs de Pompeïo & non pas seulement ses disciples inconscients. Or le procureur général tenait entre ses mains le sort de ce jeune homme, — sinon sa vie, du moins son avenir de magistrat. Entre tous les membres de la Cour, M. de Bertier était le seul qui ne pût attendre de M. de Saint-Félix ces égards, ces ménagements qu'inspire, que commande souvent l'esprit de corps. Plus que personne, il avait dû souffrir de la marche embarrassée du procés.

Si quelqu'un s'était entremis pour qu'on acquittât le prévenu, c'était lui : selon toute apparence, l'arrêt de *non liquere* avait été pour lui une victoire longuement préparée; la décision du procureur général lui en dérobait le profit & le replongeait dans ses perplexités. Aussi disait-on au Palais, & Leibniz nous a transmis ce propos, que M. de Saint-Félix ne continuait les poursuites que pour mettre sur les épines le (futur) Premier Président[3].

Malgré cet incident, Vanini, dans la demi-liberté dont il jouissait, pouvait se flatter d'avoir échappé encore une fois aux malignes influences de son étoile. Mais, vers la fin du mois de janvier 1619, le duc de Montmorency, gouverneur de Languedoc, qui faisait à la jeune princesse dei Orsini, sa femme, les honneurs de sa province, arriva à Toulouse[4], & cette circonstance, qui était, ce semble, pour le philosophe,

1. *Histoire manuscrite du Parlement de Toulouse.*
2. Claude Malingre, continuateur de Mathieu, pp. 621, 622.
3. Leibniz, édition citée, t. I, p. 461.
4. *Annales de l'hôtel de ville de Toulouse*, tome VI, fol. 40.

indifférente & sans intérêt, fut en réalité la cause de son supplice. C'était ce même duc de Montmorency qui devait, treize ans plus tard, coupable alors de haute trahison, vaincu, blessé, prisonnier de Richelieu, entrer une dernière fois dans son ancienne capitale, &, jugé lui aussi par le Parlement, qui ne le condamnait qu'en pleurant, rougir de son sang, au pied de la statue de Henri IV, le pavé de la cour de l'hôtel de ville. Il n'avait encore que vingt-quatre ans. Les mémoires du temps le donnent pour l'homme de France le mieux fait, le plus aimable, le plus brave & le plus magnifique ; ils se sont bien gardés d'ajouter : le plus libre d'esprit ; mais on sait assez que le poète Théophile, un autre Vanini, exilé par le Parlement de Paris, qui aurait préféré le brûler en Grève, trouva enfin asile dans son hôtel, & qu'il y mourut. — Quoique le duc eût l'âme haute, il donnait naturellement du charme à la grandeur, & même ses caprices d'autorité n'étaient pas sans grâce. Il voulut que la duchesse passât en revue les 8,000 hommes de milice de la ville de Toulouse : c'était une énormité, mais on obéit ; on lui passait tout, car on l'adorait. Il était l'idole de la jeune noblesse. Dès qu'elle le sut à Toulouse, où les capitouls & le comte de Caraman s'apprêtaient à le fêter, elle était accourue pour le voir des quartiers les plus reculés du Languedoc & de la Guyenne. Il eut tout de suite une cour jeune & brillante, amoureuse comme lui de l'amour & de la chevalerie des romans, païenne d'imagination & païenne d'esprit, car tous les *libertins* n'étaient pas à Paris : les jésuites, qui ont été sans le savoir les pionniers de la Renaissance, les instituteurs du monde moderne, les fourriers de l'incrédulité, avaient ouvert partout ces collèges où l'étude des lettres anciennes remplaçait la doctrine barbare des Universités catholiques, & où les écoliers se formaient à la critique, par la comparaison, toute intuitive, des religions présentes & passées [1].

Il faut le dire : tous les gentilshommes venus à Toulouse ne

1. J'ai développé cette idée dans les *Mémoires de l'Académie des sciences, inscriptions & belles-lettres de Toulouse*, tome VIII de la 7e série, pages XIX-XXXV.

ressemblaient pas au baron de Savignac, au baron de Montaut, au vicomte d'Arpajon, aux sieurs de Pins & de Moussoulens, à cette élite enfin de seigneurs qualifiés qui formait la société habituelle du duc de Montmorency[1]. Au contraire, la plupart en étaient restés aux enseignements de leur curé, un surtout, que dévorait le zèle de la foi chrétienne, & celui-là Vanini avait dû bien souvent songer à lui dans ses nuits d'insomnie : c'était ce seigneur de Francon que l'impiété railleuse du signor Pompeïo avait si violemment révolté pendant les vacances de 1617[2]. On a vu qu'il demeurait dans le diocèse de Commenge, par conséquent hors de la juridiction de l'Officialité toulousaine. Les injonctions menaçantes du monitoire n'étaient pas allées jusqu'à lui. — Il n'y resta pas sourd, dès qu'il put les connaître, & ce fut presque en arrivant à Toulouse, car la présence du gouverneur & l'espèce d'émoi qu'elle excitait n'avaient pu empêcher que l'arrêt de la Grand'Chambre, mal accueilli de l'opinion, ne fût encore, après un mois, la grande nouvelle du jour. Aussitôt, « pour décharger sa conscience », « pour faire son devoir », comme on disait en ce temps-là quand on voulait répondre à l'appel du juge d'Église[3], il alla trouver le premier président Le Masuyer. Rien ne saurait rendre la joie triomphante que causa dans la ville cette démarche inattendue, ni les transports d'admiration qu'on sentit parmi le peuple pour celui qui l'avait osée. Francon, bon gentilhomme & brave, mais rien de plus, devint l'objet d'un engouement universel dont on retrouve quelque chose dans l'*Histoire* du président Barthélemy de Gramond[4]. Même en présence du duc de Montmorency, il fut l'homme à la mode, le héros de Toulouse. Son témoignage, qui répondait aux vœux de tout le monde, sans compromettre personne, le mit sur l'heure hors de pair & pour toujours; il lui donna même droit de cité. En 1621, les Toulousains, naturellement si jaloux des étrangers, n'hésitaient pas à lui

1. *Mercure françois*, tome V, pp. 108 & suiv.
2. Garasse, *Doctrine curieuse*, p. 144.
3. Archives de la Haute-Garonne, série E, papiers de Dupérier.
4. Barthélemy de Gramond, *Histor.*, lib. XVIII, pp 208-210.

marquer leur reconnaissance en le faisant colonel des milices qu'ils envoyaient devant Montauban[1]. Disons tout de suite qu'il mourut pendant le siège & que, frappé d'une balle dans la poitrine, il se fit porter dans sa tente pour y communier avant d'expirer[2].

On a cru jusqu'ici que Francon avait été seul à charger Vanini. L'erreur est venue de ce que les historiens, non moins passionnés que le peuple de Toulouse, n'ont parlé que de lui, & qu'ils n'ont pas pris soin d'indiquer les circonstances qui avaient précédé & suivi sa déposition. Mais on doit cette justice au Parlement qu'il n'a pas méconnu la maxime de droit : *Testis unus, testis nullus*. S'il n'a pas eu le sentiment de la tolérance, il avait du moins le respect de ce que nous appelons la légalité. Les mêmes magistrats qui avaient acquitté le prévenu, faute de preuves, après avoir différé six mois de le juger, par la même raison, n'eussent pas consenti à le condamner sur un témoignage unique. Et, en effet, l'arrêt du 9 février 1619 porte qu'ils ont entendu *des* témoins, non pas un seul[3]. C'est que, après les révélations de Francon & l'éclat qui s'ensuivit, il se trouva des âmes vaines qui envièrent sa soudaine renommée & voulurent partager avec lui la faveur publique. Des bouches qui étaient restées fermées par imitation, quand la bienséance était de se taire, s'ouvrirent d'elles-mêmes quand il parut qu'il y avait de la gloire à parler. Le poète domestique du comte de Caraman, le jeune Baro, à qui les occasions de causer avec Pompeïo n'avaient pas manqué, se laissa aller à dénoncer ce qu'il avait pu surprendre de ses sentiments intimes sur les choses de la religion[4].

On n'avait pas attendu ses révélations tardives pour fermer de nouveau sur le philosophe les portes de la prison. Le procès abandonné avait été repris, & l'on eût dit que la Cour avait pris à cœur d'en précipiter le dénouement. Cependant la ville était tout entière aux fêtes & aux plaisirs. On jouait la comé-

1. Barthélemy de Gramond, *Histor.*, lib. XVIII, p. 374.
2. *Ibidem*, p. 440.
3. Archives de la Haute-Garonne, B, 352, p. 135 *bis*, arrêt contre Pompeïo Usiglio.
4. Bisselius, *Septennii III*, *loc. citat.*, p. 316.

die au collège de l'Esquille, & quelle comédie! « *La chasse de Méléagre & d'Atalante contre le sanglier envoyé par Diane pour ravager les terres & le royaume d'Énée, roi de Chalcédoine, sur le mépris qu'il fit de ses autels*[1] ». A la place du Salin, on dansait le ballet des Quatre Parties du monde, & c'étaient le duc de Montmorency, le comte de Caraman, les barons de Montaut & de Pordéac & le marquis de Mirepoix qui conduisaient les quadrilles. Les inconstants de l'Asie, les hardis de l'Afrique, les heureux de l'Amérique, les aimables & infortunés de l'Europe y faisaient assaut de grâce & de magnificence[2]. Mais ces spectacles n'avaient pas interrompu l'action de la justice. Le commissaire du Parlement n'en avait pas moins fait son œuvre. En huit jours, il avait interrogé, confronté témoins & accusé, & terminé l'instruction.

Vanini, au cours de ces épreuves, se défendit assez mal. Il y a de la présomption dans le peu qui reste de ses réponses. Il s'était persuadé qu'on ne pouvait pas le condamner; ses adversaires lui paraissaient peu redoutables; il ignorait à la vérité quelle autorité singulière & triomphante venait de s'attacher au personnage de Francon. Ce gentilhomme était toujours, à ses yeux, l'esprit borné qu'il avait connu; quant à Baro, il le regardait comme un enfant sans conséquence. Il prit à leur égard une attitude dédaigneuse & malheureusement théâtrale; il se prévalut même contre eux, par je ne sais quel aveuglement, du caractère sacré dont il était revêtu, jusqu'à demander « qu'on ne comparât point les Francon & les Baro à un prêtre du Roi des rois[3] ».

Il n'est personne qui ne sente la vanité & le danger d'un pareil système de défense. Vanini n'avait plus évidemment le sentiment juste de sa situation. Malgré sa vive intelligence, il ne comprenait pas que, depuis l'intervention de Francon, l'espèce de son procès n'était plus la même. Tout à l'heure, il n'avait qu'à justifier son orthodoxie, &, savant comme il était,

1. Bisselius, *Septenn.*, p. 315.
2. *Annales manuscrites de l'hôtel de ville de Toulouse*, t. VI, fol. 40.
3. Bisselius, *Septen.*, p. 316.

il avait pu rester maître d'en faire éclater l'intégrité. A présent, il s'agissait de savoir qui de lui ou du gentilhomme gascon méritait le plus de créance. Il ne dépendait pas de lui de fixer à son gré le poids & la valeur de sa parole, car, pour faire pencher la balance de son côté, qu'avait-il? Rien que son incognito & les méfiances qu'il inspirait. On imagine l'effet que pouvait produire sur l'esprit des juges le malheureux parallèle qu'il osait établir entre lui, Pompeïo, & le seigneur de Francon, un Terssac-Montbéraut! Comme si l'on savait qui il était, lui! Il se disait prêtre, mais ne s'était-il pas donné d'abord pour médecin! Son pays, sa famille, ses amis, qui les connaissait? Et, puisqu'il n'en parlait pas, il avait donc intérêt à cacher son passé?

A ces questions, qu'il était naturel qu'on lui adressât, Vanini évitait de répondre, & l'on sait bien qu'il ne le pouvait pas. Il ne pouvait pas empêcher que le mystère dont il s'était enveloppé ne finît par le conduire à sa perte. — Véritablement, il y avait encore pour lui plus de chances de salut à rester Pompeïo qu'à redevenir Vanini. Qu'avait-il à attendre, lui chétif, des puissants personnages dont il aurait pu invoquer les noms illustres, Bassompierre, d'Épinay Saint-Luc, l'ex-chancelier Bruslart, le nonce Ubaldini, même le comte de Castro? Quant à se réclamer des amis qu'il avait laissés à Paris, autant eût valu avouer tout de suite qu'il avait écrit & fait imprimer, dans quelles conditions! les *Secrets de la nature*. Vanini, s'il se déclarait, serait à coup sûr livré aux flammes; Pompeïo avait été déjà acquitté; ne pouvait-il pas l'être encore une fois? — Il était plein de cette espérance, qui entretenait son courage. Elle le suivit jusque sur la sellette, & c'est pourquoi il s'y assit avec tant d'aisance, comme si c'était un banc de l'école, & comme s'il n'avait qu'à y faire montre, en beau latin, de ses connaissances en théologie.

Quinze jours après l'arrivée du duc de Montmorency à Toulouse, le matin du 9 février 1619, un samedi, des geôliers allèrent prendre Pompeïo dans son cachot pour le mener devant la Cour. Il faisait encore nuit. La triste lueur des lampes de ce temps-là éclairait vaguement le prétoire. Assis à sa place, dans l'angle au fond de la salle, — en mémoire de la pierre angulaire de l'Évangile, — Le Masuyer présidait. Dix-huit conseillers tenaient l'audience[1] : il n'y en avait pas tant à l'ordinaire; mais il s'agissait d'un crime de lèse-majesté divine, & suivant l'usage, en pareil cas, la Tournelle (la Chambre criminelle) s'était réunie à la Grand'Chambre[2]. L'air terrible, la voix rude & brève du Premier Président[3] avaient de quoi intimider l'accusé; mais il voyait devant lui dans l'assemblée des figures qui le rassuraient, celle du président de Bertier, par exemple, & d'autres encore, car tous les juges n'étaient pas décidés à le condamner.

Après les premières questions, discutant, écartant les témoignages dont on l'assaillait, Vanini finit par laisser là les Francon & les Baro, comme il disait, pour ne s'attaquer, par un élan d'éloquence, qu'aux chefs mêmes de l'accusation. Donc[4], on l'accusait d'impiété & d'athéisme. On niait qu'il reconnût la Providence & la nécessité d'un premier principe! Mais est-ce que les yeux sont libres de ne pas voir! est-ce que la notion d'un Dieu protecteur & conservateur ne s'impose pas à la conscience? Tout, dans la Nature, en prépare, en justifie la croyance. Et tenez! — une paille brillait à ses pieds, soit qu'elle fût là par hasard, soit plutôt qu'il l'y eût jetée lui-même pour se ménager un effet oratoire, — cette paille, — & il la ramassait, — cette paille, — & il la montrait à la Cour, — écoutez, elle enseigne, elle proclame la Providence! Car il faut que l'homme vive de pain, & comment vivra-t-il si le blé lui manque? Mais il ne lui manquera jamais : la sagesse divine y a pourvu. Et alors, dans une langue abondante & pure, avec un rare bonheur d'expression, il faisait l'histoire

1. Archives de la Haute-Garonne, B 352, p. 153 *bis*, arrêt contre Pompeïo Usiglio.

2. « A l'égard du Parlement de Toulouse, Henri II laissa en 1552 le premier président maître de faire juger les hérétiques par celle des Chambres qu'il jugerait à propos de choisir. De là vint que Pierre Serres, prêtre & apostat, fut rejugé par la Grand'Chambre & la Tournelle, le premier président ayant soutenu que l'arrêt de mort donné par la seule Tournelle était nul & contre les règles. » (*Histoire manuscrite du Parlement de Toulouse*, par le P. Lombard, jésuite, livre VI.)

3. Barthélemy de Gramond, *Histor.*, pp. 724 & 762.

4. *Ibid.*, pp. 208-210.

de la plante, de ce qui la fait croître, de ce qui la préserve & de ce qui la perpétue. Cette démonstration si vive, avec ce qu'il ajouta pour prouver l'existence d'une cause première, paraît avoir fait sur les juges l'impression la plus profonde. Elle devint célèbre en dehors du palais. Barthélemy de Gramond, qui l'avait entendue, s'est plu à la reproduire. Aujourd'hui encore, les quelques prêtres du diocèse de Toulouse qui ont de la littérature ne se défendent pas de l'admirer. Mais les préventions qu'elle avait ébranlées se rassirent en peu de temps. Faut-il croire que l'exposé du rapporteur y fût pour quelque chose? — Esprit exact & sagace, Guillaume Catel, ce rapporteur[1], est le premier qui ait porté la critique dans l'étude des origines de Toulouse. Son *Histoire des Comtes*, ses *Mémoires de Languedoc* sont des monuments remarquables de l'érudition provinciale du dix-septième siècle. Rien dans le procès ne dut lui échapper de ce qui pouvait fortifier les méfiances, confirmer les soupçons. Mais son rapport est perdu, & il n'est pas permis de le refaire, quand même on croirait être sûr d'en avoir retrouvé la substance & l'économie. L'annaliste Lafaille, qui a composé l'inscription placée au-dessous de son buste dans la salle des Illustres, à l'hôtel de ville, n'a déjà que trop exagéré la puissance de sa dialectique. Au moment où Lafaille écrivait, vers 1675, c'était un honneur pour le Parlement de Toulouse d'avoir condamné Pompeïo, & une gloire non petite pour Catel d'avoir deviné sous un faux nom, malgré des indices incertains, le plus grand athée du siècle. Il eût manqué quelque chose à la satisfaction des Toulousains, si cet *illustre* n'eût pas été censé avoir ramené tous les juges à son avis. Aussi l'inscription le dit-elle :

> « Vel hoc uno memorandus
> Quod eo relatore, omnesque judices suam in sententiam trahente
> Licilius (*sic*) Vaninus, impius atheus, flammis damnatus fuerit. »

La vérité est pourtant que les juges ne furent pas unanimes.

1. Archives de la Haute-Garonne, B 352, p. 153 *bis*, arrêt contre Pompeïo Usiglio, & *Annales manuscrites de l'hôtel de ville*, folios 13 & 14.

Le Père Garasse & le Père Bisselius, qui eussent bien voulu qu'il y eût unanimité, disent positivement que *tous les juges* n'opinèrent pas à la mort[1]. Le premier même ajoute, avec une certaine bonne foi, qu'en pareille matière il était bien difficile qu'il n'y eût pas de dissentiment entre eux. Il s'en trouva qui pensèrent sans doute que l'irréligion qu'on sentait frémir dans l'esprit de la jeunesse, & dont les bouffées effrayaient & scandalisaient les âmes pieuses, n'était pas l'ouvrage d'un seul homme. Et les mêmes aussi peut-être eurent horreur d'appliquer la rigueur des ordonnances, & d'anéantir pour quelques blasphèmes, déjà si rudement expiés & si pertinemment démentis, tant de savoir, d'esprit & d'éloquence. Mais la majorité demeura convaincue que c'était à bon droit que le procureur général chargeait cet étranger de tous les péchés d'Israël; & sans remords, car il y avait des preuves légales, sans scrupules, car elle croyait fermement que celui qu'elle allait frapper s'était dérobé par la fuite à la vindicte des lois de son pays[2], elle arrêta que l'exécuteur de la haute justice traînerait sur une claie Pompeïo Usiglio, lui couperait la langue, l'étranglerait, puis brûlerait son corps sur un bûcher & en jetterait les cendres au vent.

Vanini avait été reconduit à la Conciergerie; il n'avait plus que quelques heures à vivre; ordre avait été donné de faire le jour même à la place du Salin les apprêts du supplice, parce que M. de Montmorency avait disposé de cette même place pour le lendemain & le surlendemain. Le duc voulait y offrir aux dames de la ville le spectacle d'une course à la quintaine & d'une course de bagues, en réjouissance du mariage qu'il venait d'apprendre de Mme Christine, sœur de Louis XIII, avec Victor-Amédée, prince de Piémont[3]. — Ainsi l'on préparait la lice & l'on dressait les estrades, pendant que les valets de l'exécuteur plantaient le fatal poteau & construisaient le bûcher.

1. Garasse, *Doctrine curieuse*, pp. 145-146; & Bisselius, *Septenn.*, p. 317.

2. Barthélemy de Gramond, *Histor.*, lib. XVIII, pp. 208-210.

3. *Mercure françois*, tome V, pp. 188 & suiv.

Quand tout fut prêt, une claie formée d'ais cloués sur des pièces de bois & traînée par trois chevaux[1] alla chercher le condamné. — Ce n'était déjà plus le même homme. Libre de ne plus feindre, libre à l'abri de la mort, son âme s'était redressée. Elle apparaît, à ce moment, avec un caractère inattendu de force & de grandeur. Pourtant elle ne cesse pas d'être humaine. Elle ressent profondément l'injustice de la sentence, & elle s'en venge — mais sans songer qu'elle innocente les juges — en rejetant avec mépris les croyances qu'elle a trop & inutilement respectées. L'effroi de l'au-delà ne l'a pas troublée. Elle ne consent pas à voir le monde autrement qu'elle l'a conçu dans ses méditations studieuses, ni à se leurrer d'un changement illusoire dans l'ordre éternel des choses. Vanini mesure à la hauteur de ses idées la religion qui le tue; il la raille de ce qu'elle a de factice & de terrestre. A ce peuple ignorant qui l'insulte, qui l'accable de malédictions impuissantes, qui va guetter avidement son dernier soupir, il montre par sa constance qu'il y a quelque chose au-dessus d'elle & qu'on n'a pas besoin de ses consolations pour bien mourir.

Quand on lui annonça qu'il fallait partir, la langue de son pays lui revint aux lèvres. « Andiamo, dit-il, andiamo allegramente a morire da filosofo[2], » & il se mit sur la plate-forme. Alors, suivant les termes de l'arrêt, on le dépouilla de ses vêtements, ne lui laissant que sa chemise; on lui mit la hart au cou, & on lui attacha aux épaules un cartel qui portait ces mots : ATHÉISTE ET BLASPHÉMATEUR DU NOM DE DIEU; puis, un religieux cordelier monta à côté de lui, & la triste machine, conduite par l'exécuteur en jaquette vert & rouge, sortit de la Conciergerie. Le commissaire du Parlement la suivait, escorté de la main-forte & des gens de justice. Elle traversa la place du Salin & monta la rue Nazareth & la rue des Nobles. Arrivée à la place Saint-Étienne, elle s'arrêta devant le portail de la cathédrale. Là, l'exécuteur, comme le voulait encore l'arrêt, força

1. Chronique de Mathieu Micheau, crieur public des capitouls, à la suite du livre des criées, n° 117 (archives de l'hôtel de ville de Toulouse).

2. *Mercure françois*, tome V, pp. 63, 64.

le condamné à s'agenouiller & lui mit dans la main une torche allumée du poids d'une livre[1]. Alors, le commissaire s'approcha à son tour & somma Pompeïo de faire amende honorable; mais Pompeïo s'y refusa longtemps. Enfin comme le magistrat lui répétait : « La Cour a ordonné que vous demanderiez pardon à Dieu, au Roi & à la Justice.'— Dieu ! s'écria-t-il, il n'y a pas de Dieu; le roi, je ne l'ai point offensé; quant à la justice, s'il y avait un Dieu, je le prierais de lancer un foudre sur le Parlement comme du tout injuste & inique, &, s'il y avait un diable, je le prierais aussi de l'engloutir aux lieux souterrains[2] »!

Il fallut se contenter de cette réponse. La claie se remit en marche, pour faire « le cours accoustumé » par les rues Saint-Etienne & Croix-Baragnon, la place Rouaix, la rue de la Trinité & enfin la grand'rue, qui la ramenait à la place du Salin. Elle s'avançait lentement dans cette voie douloureuse, cahotant sur le pavé inégal, à travers une foule hostile, empressée de regarder, comme elle eût regardé le diable, « cet homme grand de taille, un peu maigre, au poil châtain, au nez long et recourbé, aux yeux brillans & aucunement agars[3] » qu'on lui donnait pour un athéiste. Cependant le cordelier s'était mis en devoir de faire son office. Incliné vers le condamné, il l'engageait « à se reconnaître »; il lui parlait de Dieu, qui s'était fait homme pour le racheter du péché & qui avait voulu souffrir ce qu'il souffrait lui-même en ce moment, l'amertume de l'ignominie & les horreurs du supplice. De temps en temps, comme pour ajouter à la force de son discours, il essayait de lui faire regarder le crucifix, mais Vanini détournait la tête[4]. Assis, les jambes écartées, sur la plate-forme[5], d'une voix que

1. Archives de la Haute-Garonne. B. 352, p. 153 *bis*, arrêt contre Pompeïo Usiglio.

2. *Mercure françois*, tome V, pp. 63, 64; Garasse, *Doctrine curieuse*, p. 146; Rosset, *Hist. trag.*, édition citée, pp. 185, 213.

3. *Annales manuscrites de l'hôtel de ville de Toulouse*, t. VI, fol. 13, 14. Ce portrait ne ressemble pas à la figure qu'a donnée la Biographie des hommes illustres du royaume de Naples (Naples 1820) & que M. Palumbo a reproduite.

4. *Annales manuscrites de l'hôtel de ville de Toulouse*, t. VI. fol. 13, 14.

5. Bisselius. *Septenn*, *loc. cit.*, p. 323.

faisait trembler le froid de la saison — car on ne lui avait pas remis ses vêtements, ou une angoisse instinctive — il raillait le moine de sa crédulité[1]. Non, Jésus n'était pas Dieu, c'était un homme comme lui, & qui même n'était pas mort comme lui sans défaillance, car il avait sué de peur[2]. Il n'y avait pas d'autre Dieu que la Nature; elle seule était éternelle... l'âme ne durait pas par elle-même... la mort menait au néant, & c'est pourquoi elle était douce aux infortunés comme lui, las de craindre & de souffrir. C'était la délivrance, la fin & le remède de tous les maux[3]. Telle était sa croyance, telle était sa doctrine... Et, comme s'il eût craint que le Parlement se flattât qu'elle périrait avec lui, il ajoutait qu'elle vivrait dans les livres qu'il avait écrits pour la répandre[4]. Il disait ces choses assez haut pour que tout le monde les entendît, &, avec la conscience de donner un grand exemple, il s'écriait par intervalles qu'il mourait en philosophe[5].

Il parla jusque sur l'échafaud, pendant que le bourreau allumait le bûcher. Plusieurs de ceux qu'il avait connus se trouvaient sur la place au milieu de la foule, où ils étaient venus peut-être pour lui dire du regard un dernier adieu. Il se tourna vers eux, &, revenant à Jésus, il nia à nouveau sa divinité. On a recueilli ce propos : « Vous voyez, un misérable Juif est cause que je suis ici[6]. » Les témoins n'ont pas osé rapporter le reste. Des clameurs furieuses accueillirent ces paroles : on criait au bourreau de se hâter[7]. » — Lorsqu'il eut saisi le condamné, & qu'ayant pris la hart il eut fixé sa tête au poteau, il se fit un grand silence. Pompeïo refusait de livrer sa langue au couteau. Alors on vit une chose horrible : l'exécuteur enfonçant de force des tenailles dans la bouche de l'infortuné. Au moment où il saisissait sa langue, Pompeïo poussa

1. Bisselius, *Septenn.*, pp. 323, 324.
2. Barthélemy de Gramond, *Hist.*, pp. 208-210.
3. *Annales manuscrites de l'hôtel de ville*, tome VI, fol. 13, 14.
4. Garasse, *Doctrine curieuse*, pp. 145-146.
5. Barthélemy de Gramond, *Hist.*, pp. 208-210; Bisselius, *Septenn.*, pp. 145, 146, & *Annales manuscrites de l'hôtel de ville*, t. VI, fol. 13, 14.
6. *Hist. trag.* de Rosset, édition citée, pp. 185-213.
7. *Ibidem.*

un cri de douleur si fort & si déchirant que les assistants en frémirent[1].....

La langue avait été arrachée jusqu'à la racine & jetée au feu. Aussitôt, comme le voulait l'arrêt, ce qui restait de Pompéïo fut étranglé. Ceux qui demeurèrent sur la place, après qu'il eut expiré, purent voir l'exècuteur détacher son corps du gibet & le lancer sur le bûcher, puis en ramasser les cendres & les jeter à tous les vents.

Le président Barthélemy de Gramond & le jésuite Bisselius ont parlé odieusement de cette mort du philosophe : ils ont cherché à en dégrader le grand caractère; ils avaient pour cela leurs raisons. A l'époque où leurs livres parurent, le nom de Lucilio était devenu un mot d'ordre; l'armée des esprits indépendants — ils étaient 50,000 en 1626 à Paris seulement, suivant le P. Mersenne[2] — marchait mystérieusement sous les enseignes de son orateur, de son champion, de son héros de Toulouse. On le savait dans le camp opposé, & on s'en inquiétait; on craignait les comparaisons indiscrètes. On n'eût pas voulu qu'il fût dit que, comme la religion, la philosophie pouvait avoir des martyrs[3]. Aussi écoutez Barthélemy : « J'ai vu Pompeïo sur la claie, dit-il; son air était farouche. Il y avait de la terreur dans ses yeux & de l'angoisse dans sa parole. On jugeait, au désordre de ses mouvements, à l'incohérence de ses discours, qu'il ne savait plus ni ce qu'il faisait ni ce qu'il disait. Sur l'échafaud, il cria quand on lui arracha la langue, & son cri n'avait rien d'humain : c'était le beuglement d'un bœuf qu'on assomme[4] ».

Le P. Bisselius pousse plus loin encore, si j'ose dire, la bêtise de la passion. Chez lui aussi, le philosophe beugle, mais non pas seulement quand la langue lui est arrachée, car il est brûlé vif, & importune la ville de ses beuglements jusqu'à ce que la flamme achève de le dévorer[5].

1. *Hist. trag.* de Rosset & Barthélemy de Gramond, *Hist.*, pp. 208-210.
2. Passage supprimé des *Quæstiones in Genesim* de Mersenne, rapporté par Chauffepié, v° *Vanini.*
3. Le mot se trouve dans le *Patiniana* & dans Bayle.
4. Barthélemy de Gramond, *Hist.*, pp. 208-210.
5. Bisselius, *Septenn.*, p. 324.

Dans les relations contemporaines, c'est le sentiment de l'admiration qui domine. D'Autreville[1], Malingre[2], le *Mercure françois*[3], injurient par bienséance l'Italien philosophe, mais pour avoir le droit d'écrire « qu'il mourut avec autant de constance, de patience & de volonté qu'aucun autre homme qu'on aye veu ». Le P. Garasse lui-même rend justice à son intrépidité, quoiqu'il lui plaise de l'attribuer à la rage & au désespoir[4]. Mais on peut dire que Vanini n'a jamais été loué plus magnifiquement qu'à Toulouse même, la ville sainte, *loco sancto*, dit Barthélemy, sur la place même où il avait péri, & deux jours après. L'imagination échauffée au spectacle de son courage, des sectateurs de l'esprit nouveau, jeunes, ingénieux, spirituels, mais capables de pensées hautes, assez grands pour ne rien craindre, d'ailleurs si pleins d'audace qu'ils auraient volontiers tout osé, entreprirent de le venger de la Justice, sous les yeux du Parlement, & de faire acclamer par le peuple, qui avait hâté sa mort, l'augure de son immortalité. Ils ne mirent personne dans le secret de leur dessein : ce fut une représentation qu'ils se donnèrent à eux-mêmes & dont ils furent seuls à goûter l'irrévérence & l'ironie[5].

Le lundi 11 février, par une belle & claire journée, l'une des quadrilles qui devait courir la bague fit son entrée sur cette place tragique du Salin, où l'on n'entendait plus alors que des cris de joie. C'étaient les Chevaliers du Laurier : trois héros, Alcée, Alcippe & Liridor; & trois héroïnes à la mode du Tasse : Stratonice, Andronice & Androfile; ou, pour leur donner leurs noms véritables, le duc de Montmorency, le baron de Savignac, le vicomte d'Arpajon, & les tout jeunes seigneurs de Montaut, de Pins & de Moussoulens. Leurs chevaux étaient couverts de toile d'or; des langues de soie rouge flottaient sur les caparaçons & jusque sur les crinières. Marchant par petits groupes, & — qu'on veuille bien y songer — soulevant peut-

1. *Inventaire général des affaires de France*, année 1619.
2. Continuation de P. Mathieu, pp. 620-622.
3. *Mercure françois*, tome V, pp. 63, 64.
4. Garasse, *Doctrine curieuse*, pp. 144, 146-151, 801, etc.
5. *Mercure françois*, tome V, pp. 120 & suiv.

être sous les pieds de leurs montures quelque reste des cendres du bûcher, ils traversèrent toute la lice pour présenter leur cartel à la jeune duchesse qui devait couronner le vainqueur.

Le nain de M. de Montmorency, vêtu à l'espagnole & monté sur un petit cheval tout reluisant comme lui de toile d'or, portait, pour son maître, dans un écu, ce symbole digne d'un autre Capanée : une mer dont les flots s'élancent vers le ciel, avec cette boutade espagnole : *Me levanto*[1] ! Je me soulève !

Douze pages suivaient, tous armés de lances vert & or, & tenant de la main gauche, les uns les emblèmes, les autres les devises de leurs seigneurs. Quels emblèmes & quelles devises ! c'étaient pour les trois chevaliers : un laurier droit sous un ciel orageux & les mots : *Non timet arma Deûm ;* — des couronnes de laurier sans nombre & les mots : *Como mis haza-ñas*, comme mes hauts faits ; — une victime couronnée de lauriers dans un grand feu allumé sur un autel, & les mots : *Quemando me triumpho,* quand on me brûle, je triomphe.

Les emblèmes des trois héroïnes n'éveillaient pas comme ceux-là des idées de lutte & de défi : ils appelaient au contraîre l'espérance d'une vie posthume, refleurissante & glorieuse. C'étaient : le rameau d'or que portait Enée aux enfers & les mots : *Ducet reducetque ;* — un laurier avec un soleil au-dessous, auquel on fait dire : *Aun arde para mi*, il m'envoie encore ses rayons, — & un laurier élagué qui rejetait de nouvelles branches, avec cette devise : *Virescit vulnere.*

Ces allusions, quoique transparentes, ne furent pas comprises, ou, si quelques-uns en pénétrèrent le sens mystérieux, ils se gardèrent d'en rien dire. Tant que dura la fête, l'admiration & la joie de la multitude surpassèrent l'espérance des jouteurs. Le soir, les Chevaliers du Laurier, & les autres quadrilles, les Nymphes des monts Pyrénées, les Chevaliers de Beauté & les Amazones, parcoururent les rues principales : « Toutes les fenestres estoient si esclairantes de feux & de

1. Le *Mercure françois*, qui ne fait aucune allusion à Vanini, donne pourtant de *Me levanto* cette interprétation prudente : « Plus je m'élève, alors je décrois. »

lumières qu'on eust dit à les voir que le soleil s'estoit caché dans les particulières maisons de ceste grande ville, pour dresser une embuscade aux flambeaux de la nuit & en dissiper l'éclat par surprise ».

VII.

Il ne faudrait pas juger l'arrêt du 9 février 1619 d'après les idées d'à présent. Quoique prononcé par la Grand'Chambre & la Tournelle assemblées, il n'avait rien en soi qui pût le rendre célèbre. Le blasphème était alors un crime de droit commun, prévu & puni par les ordonnances. Donc, si le condamné était resté pour le public ce qu'il était dans l'opinion de ses juges, la renommée de son supplice n'aurait guère dépassé l'enceinte de Toulouse. Jamais son incognito n'aurait été découvert. On ne parlerait pas plus aujourd'hui de Pompeïo Usiglio qu'on ne parle de Gilles Frémond, qui périt pourtant comme lui, pour la même cause que lui, sur la place de Grève, le 15 janvier 1611, en vertu d'un arrêt presque semblable[1].

Mais cette qualité inattendue de philosophe qu'il s'était hautement donnée, *novum inauditumque monstrum*, sa contenance stoïque, l'allusion qu'il avait faite à ses écrits, étaient autant de causes de surprise pour les uns, d'inquiétude pour les autres, & pour quelques-uns de sympathie. Elles fomentaient encore la curiosité très vive qu'avait excitée son origine étrangère, la distinction de sa personne, son esprit si brillant, son savoir presque universel, l'amitié dont l'avait honoré la jeune noblesse parlementaire, & enfin sa persistance étrange à dissimuler son passé. — Les relations particulières envoyées de Toulouse à Paris appelèrent l'attention des « beaux esprits » & des autres sur ce personnage mystérieux. Les jeunes seigneurs qui avaient assisté à son supplice, & rendu un si audacieux hommage à son grand cœur & à sa doctrine, en parlèrent

1. Gabriel Cayron, *Style du Parlement de Toulouse*, édition citée, p. 573.

aussi très probablement lorsqu'ils revinrent à la Cour. Tout ce qu'il avait dit, tout ce qu'il avait fait à son heure dernière, fut répété, célébré dans ces lieux interdits au vulgaire, cabarets d'honneur, académies de gentilshommes, loges de l'hôtel de Bourgogne, où l'on allait pour s'entretenir librement de religion & de philosophie[1]. Or, ces lieux-là, deux ans à peine s'étaient écoulés depuis que Vanini avait cessé d'y paraître. Les amis qu'il y avait laissés ne pouvaient l'avoir oublié. A ses opinions, à ses discours, au titre qu'il avait pris & qu'on voit encore en tête de ses livres[2], & peut-être aussi à d'autres indices qui nous échappent, — il est possible que Vanini leur eût écrit de Toulouse, — ils reconnurent sans hésiter, dans « l'Italien homme philosophe » de la place du Salin, l'auteur fugitif & proscrit des *Secrets de la nature*. — La vogue de ce livre n'avait pas cessé. A partir de ce moment, elle s'accrut encore : on le lisait avidement. Le Père Garasse, qui a souvent de l'esprit, l'appelle l'Introduction à la vie indévote, le bréviaire des libertins[3]. Il veut que les *curieux* n'en fissent pas moins de cas que de Pomponace & de Paracelse; il le met dans leur bibliothèque à côté de Machiavel & de Cardan, de Charron & de la *Clavicule de Salomon*[4]. La Sorbonne avait pourtant gagné qu'il fût défendu, mais « il voltigeait sous la cappe, on se le prêtait sous main comme les peintures de l'Arétin entre gens de métier[5] ». C'est encore le Père Garasse qui dit cela.

On ne peut s'étonner qu'un jésuite ait dénigré les *Dialogues* & prêté à ceux qui les lisaient une curiosité vilaine; mais il n'est pas défendu de croire qu'il a méconnu leurs vrais sentiments. Les âmes communes les plus résolûment engagées dans la foi ou dans le doute ne s'y avancent pas toujours sans inquiétude. Il leur arrive de désirer d'avoir des garanties. Elles ont

1. Garasse, *Doctrine curieuse*, p. 3.
2. *Amphitheatrum*, &c., autore J.-C. Vanino, *philosopho*. — J.-C. Vanini, Theologi, *Philosophi* & juris utriusque Doctoris, *De admirandis Naturæ reginæ deæque mortalium arcanis*.
3. Garasse, *Doctrine curieuse*, pp. 683, 684.
4. *Ibid.*, pp. 10-12.
5. *Ibid.*, p. 869.

besoin de temps à autre, pour se rassurer, que quelqu'un ait signé de son sang & certifié par sa mort que la voie qu'elles suivent est bien la voie droite. C'est pour relever leur courage & prévenir leurs défaillances qu'on a fait les martyrologes & inventé les légendes. Les écrits de ce genre abondent dans toutes les religions, qui ont surtout affaire au peuple; ils sont moins en usage, & cela se comprend, dans le domaine de la raison : l'antiquité ne s'est jamais avisée de cataloguer les martyrs de la philosophie; Socrate lui-même n'est pas devenu légendaire. Au moyen âge & jusqu'à la fin de la Renaissance, l'esprit critique, encore timide, se dépense en hérésies; ses champions, s'il en a, ne coiffent pas l'auréole, parce qu'ils manquent de sectateurs. Mais, au commencement du dix-septième siècle, les rationalistes, les sceptiques — les libertins, les beaux esprits, les curieux, les esprits forts, comme les désigne l'ironie catholique — abondent déjà, surtout à Paris. Ils se multiplient dans la société polie & même au delà. Jusqu'en 1619, ils forment une légion secrète un peu mêlée, un peu inconsistante, un peu écolière, prompte à fronder, plus prompte à se dérober. Mais Vanini meurt sur le gibet, en confessant ce qu'ils pensent, en raillant ce qu'ils réprouvent. Dès lors, un sentiment de dignité qu'ils n'avaient pas encore connu gonfle leurs cœurs. Leur cause est juste, leur cause est sainte, puisqu'un homme a donné sa vie pour elle, & quel homme! un des favoris de la Nature, sinon de la Destinée. Ainsi raisonnent-ils. S'étonnera-t-on qu'ils aient fait de Vanini leur idole & recherché le *De Arcanis* avec une sorte d'emportement? Il est bien évident que ce livre était pour eux le testament, *novissima verba*, d'un martyr, du premier martyr de la liberté de penser. Car, à leur insu, la poétique des apothéoses commandait à leurs imaginations, ne les laissant pas libres de voir seulement dans le prétendu Lucilio une victime magnanime, mais involontaire de l'intolérance. Dans sa vie, qu'ils connaissaient bien, ils ne savaient apercevoir que des leçons louables & qu'un grand exemple. Que parlait-on de son double rôle? A la guerre, le premier devoir est de ne pas se laisser surprendre. On y peut user de tous les stratagèmes, à condition de s'arrêter & de combattre jusqu'à la mort, quand on rencontre l'ennemi. « Nous ne disons pas[1] — ainsi les fait parler le Père Garasse — qu'il faille se précipiter dans les hasards & se jeter à l'aveugle au travers des hallebardes, car ce seroit prévenir les destinées; mais nous disons qu'il ne faut laisser saisir ou emporter son cœur à aucune crainte panique, mais affronter hardiment les destinées, & *faire comme Lucilio, qui mourut dans Tholose, pouvant sauver sa vie & ne le voulut pas, de peur de perdre l'occasion de mourir en philosophe* & de montrer au destin que *facile impingitur Naturæ munus suum*, comme disait le philosophe Sénèque. ».

Ceux qui avaient reconnu le philosophe, sous le masque de Lucilio, prirent-ils tout d'abord le parti de n'en rien dire? Peut-être. En tout cas, & quoique les *Histoires tragiques* de Rosset, qui copient l'histoire de l'*exécrable docteur Vanini*, aient été achevées d'imprimer dès le mois d'août 1619, on s'aperçoit, à des signes certains, que la nouvelle de cette découverte n'arriva à Toulouse qu'après un laps de huit mois, & encore par voie mystérieuse, probablement sous forme d'avis secret au procureur général ou au Premier Président. C'est qu'il y avait intérêt à ne pas l'ébruiter. En effet, si, comme il y avait sujet de le craindre, l'auteur du *De arcanis* avait travaillé incognito à répandre son livre, tous les exemplaires qui se trouvaient en ville disparaîtraient subitement dès qu'il deviendrait public que J.-C. Vanini, le philosophe des *Dialogues* approuvés par la Sorbonne, était le même que Pompeïo Usiglio, le trop fameux blasphémateur condamné par le Parlement. Ainsi son venin lui survivrait, circulant subtilement parmi la jeunesse, & difficilement pourrait-on en arrêter l'action. Il fallait donc à l'improviste mettre la main sur tous les ouvrages de ce malheureux Italien, qui avaient pu arriver jusqu'à Toulouse. Les mesures à prendre à cet effet se trouvaient toutes prescrites dans les actes du concile de Trente, au chapitre *De libris prohibitis*, règle 10. On y avait lu que, pour arrêter ou prévenir le débit des livres défendus, les évêques & les inquisiteurs feraient faire dans les librairies des visites fréquentes par des commissaires de leur choix. Les décrets de ce concile

1. Garasse, *Doctrine curieuse*, pp. 373, 374.

n'étaient pas reçus en France; mais les juges royaux étaient libres de se les approprier en se substituant aux inquisiteurs & aux évêques. C'est ce qui fut fait. On était alors au mois d'octobre 1619; les vacances n'étaient pas encore finies. Le premier président Le Masuyer ne voulut pas attendre pour agir que le Parlement fût rentré. Il réunit le 26 la Chambre des Vacations & lui fit ordonner « que par l'ung des conseillers de la Cour — appelé le Vicaire Général de l'archevêché de Tolose, ou, en son absence, deux docteurs approuvés — sera faicte visite & vérification, en toutes les boutiques des marchands libraires de la présente ville, des livres qu'ils exposent en vente, pour estre faicte saisie & séquestration de ceux qui se trouveront défendus & l'impression d'iceux supposée[1] ».

La visite eut lieu dès le 30 octobre; mais ce ne fut pas un conseiller qui la fit. En réalité, l'arrêt de la Cour n'était qu'un *exequatur* délivré à l'autorité ecclésiastique. Le vicaire général de l'archevêché, M. de Rudèle, « ayant en main l'arrêt du Parlement », & le Père Girardel, dominicain, Inquisiteur de la foi, se rendirent seuls chez les libraires. On a les rôles des livres qu'ils remarquèrent & qu'ils retinrent pour être examinés par des théologiens, puis brûlés, s'il y avait lieu, dans la maison de l'Inquisition[2] : l'*Amphitheatrum* & le *De arcanis* n'y sont pas compris[3]. Il n'y a pas de doute pourtant que c'étaient eux qu'on avait cherchés, & qu'on les avait cherchés parce qu'on les savait être de Lucilio. La preuve en est que le Vicaire Général prit soin de se les procurer, & qu'il chargea quatre docteurs en théologie, dont un augustin & un jésuite, de les lire & de lui en rendre compte. — Tous furent d'avis que ces ouvrages étaient *très dangereux & très pernicieux*; l'un d'eux écrit « que l'auteur y enseigne l'athéisme en faisant

1. Archives de la Haute-Garonne, B 390, & G, Archevêché, carton Vanini.

2. *Ibidem*, G, Archevêché, carton de Vanini.

3. J'ai communiqué toutes les pièces & tous les procès-verbaux de cette curieuse inquisition des livres à mon ami M. le Dr Desbarraux-Bernard, qui les a publiés avec de savants commentaires bibliographiques, dans les *Mémoires de l'Académie des sciences, inscriptions & belles-lettres de Toulouse*, VIIe série, tome VI, pp. 330 à 381.

semblant d'être un grand protecteur de l'honneur de Dieu ». C'est exactement ce que pensaient les trois autres[1]. On est tenté de croire que leur critique n'était pas exempte de prévention, puisque l'*Amphithéâtre*, où, suivant le P. Garasse lui-même, Vanini parle en hypocrite[2], est, pour le professeur qui l'examine, un livre empoisonné de scepticisme, une apologie de mauvaise foi, plus propre à ruiner la religion qu'à la soutenir. Il va sans dire que le même censeur conclut à l'interdiction; mais il n'attend rien d'utile de cette mesure; il prévoit « que ces choses-là plairont dans les écoles & qu'elles y seront admirées[3] ».

Il y avait loin de ces avis des théologiens de Toulouse à l'approbation des censeurs imprimée en tête des *Dialogues*. Comment la Sorbonne avait-elle pu se tromper si lourdement? Dans l'ardeur de son zèle provincial, M. de Rudèle crut faire merveille d'écrire à Paris pour donner l'alarme. Son correspondant, un abbé Barthès, qui était, selon toute apparence, un des secrétaires de l'archevêché, lui répondit avec calme, le 10 juin 1620, qu'en effet c'était une faute, qu'il en avait parlé au cardinal de Retz. « Monseigneur, ajoutait-il, a commandé très expressément au syndic de la Faculté de théologie de faire toute sorte d'instances pour la réparer, &, à faute d'y pourvoir si exactement comme il appartient, il contribuera son autorité tout entière[4]. »

Mais la Sorbonne, qui avait d'autres soucis plus présents, ne jugea pas à propos de revenir sur cette vieille affaire. On délivra à l'abbé Barthès, pour qu'il la transmît à Toulouse, une copie du désaveu du P. Edmond Corradin & de Me Claude Le Petit, & il n'en fut pas autre chose. La lettre d'envoi de l'abbé, datée du 20 juin 1620, se ressent un peu de cette indifférence de la Faculté. On jurerait, à la lire, que le livre

1. Archives de la Haute-Garonne, G, Archevêché, carton de Vanini : avis des théologiens.

2. Garasse, *Doctrine curieuse*, p. 1015.

3. Archives de la Haute-Garonne, carton de Vanini : opinion du P. Pélissier.

4. Archives de la Haute-Garonne, carton de Vanini : lettres de l'abbé Barthés.

de Lucilio — elle dit Lucilio & non pas Vanini — avait paru depuis un siècle. « La Faculté de théologie de cette ville n'a point faict d'assemblée le 15 de ce mois, comme je vous ai escript par ma précédante. Il faut donc attandre jusqu'au premier du mois prochain. Cependant le syndic de la Faculté, nommé M. Besson, m'a donné l'extrait du registre des délibérations, tenues longtemps y a, sur le subject du livre de Lucilio, contenant la déclaration des approbateurs prétendus. J'ai pensé vous le devoir envoïer, attandant la résolution finale[1] ».

Le 1er juillet se passa, & l'abbé Barthès n'écrivait plus. M. de Rudèle comprit sans doute que la résolution promise ne viendrait pas, &, sans plus tarder, il prit le parti de prononcer lui-même la condamnation qu'il avait vainement attendue de la Sorbonne. Il tint conseil à cet effet, le 15 juillet, avec le P. Claude Belli, inquisiteur de la foi, qui avait succédé au P. Girardel & avec plusieurs théologiens de l'Université, qui examinèrent avec lui les *Dialogues* & l'*Amphithéâtre*. Il fut établi de nouveau que ces livres étaient faits « pour détourner de la connaissance du vrai Dieu ; — qu'ils enseignoient l'athéisme sans qu'il y parût & sans qu'à peine on pût se mettre en garde ; — qu'ils prenoient parti pour une liberté abominable ». En conséquence, l'assemblée les condamna & décida qu'ils seraient prohibés. Elle étendit la même condamnation & la même prohibition à tous les ouvrages du philosophe, parus ou à paraître, car elle n'était pas sans craindre qu'il en eût laissé de manuscrits derrière lui[2]. Le lendemain, 16 juillet 1620, M. de Rudèle rendit ces décisions publiques par une ordonnance qu'un huissier de l'Archevêché signifia à tous les libraires & à tous les imprimeurs du diocèse. Il leur était enjoint de ne rien vendre ni imprimer de ce qu'avait écrit Vanini; en cas de désobéissance, le Vicaire Général les déclarait passibles des peines promulguées contre tous ven-

1. Archives de la Haute-Garonne, carton de Vanini : lettres de l'abbé Barthés, & extraits des registres de la Sorbonne.

2. Archives de la Haute-Garonne, G, Archevêché, carton de Vanini : ordonnance de M. de Rudèle.

deurs & imprimeurs de livres défendus. C'était parler en maître absolu. On dut le lui dire de la part du Parlement, ou peut-être il le sentit, puisqu'il y a une autre copie de l'ordonnance signée & scellée comme la première, où se trouve cette restriction : « en tant qu'il appartient à la juridiction ecclésiastique[1]. »

Ainsi Vanini a été condamné deux fois à Toulouse : vivant, le 9 février 1619, par la cour du Parlement, comme Pompeïo Usiglio; mort, le 15 juillet 1620, par le juge d'Église & l'Inquisition, comme Jules-César Vanini. On comprend de reste pourquoi, dans la lutte engagée par l'esprit de foi contre l'esprit d'examen, on le désigna d'abord à la fois par son pseudonyme & par son vrai nom : on croyait ainsi le noter doublement d'infamie. Mais cette intention fut bien vite oubliée. L'auteur des *Dialogues* cessa bientôt d'être Jules-César & devint Lucilio pour tout le monde, sans aucun sous-entendu. Il était Lucilio à la fin du dix-septième siècle, quand La Bruyère donnait le nom de Lucile à l'incrédule, qu'il transperce, dans son chapitre des *Esprits forts*, de ses raisonnements bourgeois. Il est resté Lucilio jusqu'à nos jours. C'est ainsi que l'appellent & le trop fantaisiste Dumège[2] & le P. Prat, jésuite, auteur de *Recherches sur la Société de Jésus du temps du*

1. Archives de la Haute-Garonne, G, Archevêché, carton de Vanini : ordonnance de M. de Rudèle.

2. L'histoire de son prétendu extrait des Mémoires de Malenfant est assez curieuse. C'est M. Ad. Franck, aujourd'hui membre de l'Institut, qui le communiqua à M. Cousin, vers 1832, pour s'en faire bien accueillir. — Il le tenait de M. Gatien Arnoult, professeur de philosophie à la Faculté des lettres de Toulouse, dont il avait suivi les cours. M. Gatien Arnoult l'avait reçu lui-même de M. Léonce de Lavergne, qui n'avait pas encore quitté Toulouse en ce temps-là. Comment cette pièce était venue entre les mains de M. de Lavergne, il l'a oublié; mais, sans nul doute, elle lui avait été donnée par M. Dumège qu'il fréquentait, & dont l'autorité comme archéologue & comme historien local était fort grande alors. En effet, on trouve dans les *Institutions toulousaines* du même M. Dumège, publiées en 1844, une note sur Vanini qui est donnée pour *extraite des Mémoires de Malenfant* & qui ressemble d'ailleurs pour le fond, sinon pour la forme, à celle que M. Cousin allait publier dans la *Revue des Deux-Mondes*. Plus tard, lorsque M. Dumège donna son édition in-8° de l'*Histoire de Languedoc*

P. Coton, publiées à Lyon en 1876, qui suppose à tort, comme on l'a vu, que l'ex-confesseur de Louis XIII fut le principal instigateur de l'arrestation de Vanini. C'était une nouvelle gloire pour le P. Coton, & voilà qu'elle lui est ôtée! Le P. Prat aura de la peine à s'en consoler.

des Bénédictins, il se garda d'y insérer la note des *Institutions toulousaines*; il aima mieux reproduire celle de la *Revue des Deux-Mondes*, qu'il avait évidemment reconnue comme son bien, & que devait autoriser désormais le nom de M. Cousin.

Toulouse, Imp. DOULADOURE-PRIVAT, rue St-Rome, 39. — 1922

www.ingramcontent.com/pod-product-compliance
Ingram Content Group UK Ltd.
Pitfield, Milton Keynes, MK11 3LW, UK
UKHW021108220726
13924UKWH00004B/1574